Nichts lag dem Philosophen Platon (427 bis 347 v. Chr) ferner, als kurzweilige Lektüre und leichte Denkkost für seine griechischen Zeitgenossen oder den streßgeplagten Menschen der Moderne zu entwerfen. Im Gegenteil: Nur Ruhe und Besonnenheit konnten nach Platons Ansicht den Menschen zur »Besinnung« bringen und so die Voraussetzung schaffen, eine Beziehung zur eigenen Seele herzustellen und damit souverän in sich selbst zu ruhen. Platon suchte Fundamente, auf denen jedes Individuum ein für allemal sein Selbstvertrauen errichten kann. »Kenne dich selbst«, unter diesem Motto des delphischen Apoll ist die Botschaft aus dem Garten der Weisheit noch immer aktuell.

insel taschenbuch 2189
Platon für Gestreßte

Platon für Gestreßte

Ausgewählt von
Michael Schroeder
Insel Verlag

insel taschenbuch 2189
Erste Auflage 1997
Originalausgabe
© Insel Verlag Frankfurt am Main und Leipzig 1997
Alle Rechte vorbehalten
Textnachweise am Schluß des Bandes
Vertrieb durch den Suhrkamp Taschenbuch Verlag
Umschlag nach Entwürfen von Willy Fleckhaus
Satz: Hümmer, Waldbüttelbrunn
Druck: Nomos Verlagsgesellschaft, Baden-Baden
Printed in Germany

1 2 3 4 5 6 – 02 01 00 99 98 97

Inhalt

Vorwort 9

Was ist die beste Lebensform? 19
Achtsamkeit und Sorglosigkeit 21
Besonnenheit als Inbegriff des guten Lebens 23
Was ist Besonnenheit – Bedächtigkeit? 25
Ist Besonnenheit Scham? 28
Besonnenheit ist, das Seinige zu tun 29
Besonnenes Handeln beruht auf Wissen 34
Besonnenheit ist, sich selbst zu erkennen 36
Besonnenheit ist die Erkenntnis ihrer selbst 40
Gerechtigkeit und Besonnenheit bewirken
Glückseligkeit 42
Gerechtigkeit und Frömmigkeit 43
Weisheit, Besonnenheit und Gerechtigkeit 46
Die Tapferkeit 51
Die Feigheit 54
Rettung vor dem Tod allein bedeutet nicht viel;
Selbsterhaltung ist keine Tugend 58
Tugend ist nicht lehrbar 61
Tugendhaft ist man auch nicht von Natur aus 64
Tugend kommt einem durch göttliches Geschick zu 67
Über Lust, Vergnügtsein, Gutes und die Macht der
Erkenntnis 68
Lust und Unlust 71
Ziele der elterlichen Erziehung 75
Bedingungen von Freundschaft und Liebe 79

Das Wesen der Freundschaft 81
Zweck der Freundschaft 84
Schönheit und Tugend des Eros 87
Die Wohltaten des Eros 90
Eros ist Liebe zum Guten und möchte es immer
besitzen 91
Grund der Liebe 95
Der Weg zum Schönen und Guten 100
Erkenntnis und Wahrheit sind Sache der Seele . . . 104
Ein trefflicher Mann dauernd zu sein, ist unmöglich 108

Zu dieser Ausgabe 110

*Im Garten der Besonnenheit
– Platon für Gestreßte*

Apheliotes, der griechische Sommerwind, wirft smaragdblaue Wellen auf, Helios gleißt herab, der Gott des Augenlichts, Möwen wiegen sich im Wind: Wir möchten uns selbst aufschwingen, um es den kecken Boten der Meere gleichzutun. Die ausgebreiteten Arme als Schwingen nutzend, füllen wir tief unsere Lungen mit den salzigen Brisen der südlichen Winde. Die Böen tragen und schaukeln uns, werfen uns hoch hinauf, der Sonne entgegen. Wir durcheilen die Lüfte und freuen uns am verwegenen Flug. Dann wieder fallen wir, tief und tiefer, gleiten über die Wogen der Ozeane, Schaumspritzer netzen die rudernden Flügel, die doch keine sind. Kann wohl ein Bild besser das Auf und Ab des Lebens vor Augen führen als der windzerzauste Segelflug der Möwen?

»Was denn suchen unsere Seelen auf dieser Fahrt... von Hafen zu Hafen?... Dabei wußten wir doch, wie schön sie waren, die Inseln...«, Zeilen eines Gedichtes des griechischen Lyrikers Giorgos Seferis. Suchen und Sinnfrage beschäftigten die Menschen zu allen Zeiten. Sie suchten und suchen nach einem Ausgangspunkt, nach einem Halt und einer besseren Lebensform. Doch jede Zeit stellt ihre eigenen Forderungen: Im Zeitalter Platons hatten sich die Menschen gerade von den langjährigen Perserkriegen erholt und sich von den archaischen Strukturen der Gemeinschaft und des Zusammenlebens durch Einführung einer strikten Demokratie befreit. Der moderne Mensch wiederum begibt sich erneut in Abhängigkeiten: Leistungsbewältigung und Überforderung im Alltag stellen sich als »Streß« für ihn dar. Unzufriedenheit oder Sorgen, Angst oder Aggression führen dazu, daß sich die Herzaktion beschleunigt, der Blutdruck steigt, die Muskulatur sich anspannt und für eine heftige Auseinandersetzung rüstet. Dabei sind die Menschen weniger durch berufliche Tätigkeit oder Position als vielmehr durch ihre eigene Persönlichkeitsstruktur streßgefährdet. Dies heißt aber auch, daß es an uns liegt, sich der Unbillen zu erwehren und eine vernünftige und gute Lebensform zu suchen.

Ein nahezu mörderischer Verkehr braust über die Straßen und Boulevards, einzig unterbrochen von zähen Staus; dann anhaltendes Hupen, Quietschen von Reifen, das Kreischen der Bremsen. Die Luft ist geschwängert von Benzingeruch und Auspuffgasen. Die sommerliche Temperatur hat längst die 30° überschritten. Herabgelassene Jalousien vor den Fenstern der modernen Häuserblocks sollen die Hitze abhalten. Am Straßenrand steht ein Junge und bietet selbstgebackene *Kuluria*, Sesambrotringe, zum Kauf an. Ein zarter Duft des Gebäcks weht herüber, das dunkle Tuten eines auslaufenden Dampfers, der Schrei einer verirrten Möwe erinnern an das acht Kilometer entfernt liegende Meer mit dem Hafen Piräus. Eine farblose Mauer wird überragt von dahinterliegenden Stelen und Grabmonumenten des antiken Friedhofs im ehemaligen Töpferviertel *Keramikos*.

Vor zweitausendvierhundert Jahren hatte Platon in dieser Gegend seinen »Garten der Weisheit« eingerichtet.

Schon außerhalb des Stadtmauerrings, in der Nähe des Doppeltors *Dipylon*, lag ein kleiner Hain, Land, das der Familie gehörte: karger Boden, hier und da einige Krüppelkiefern, eine Platane, der würzige Duft von wildem Thymian und Oregano, ein kleiner Maulbeerstrauch, und all das erfüllt vom Zirpen der Zikaden am Sommermittag, wenn die Wesen ruhen. Hier herrschte die nötige Ruhe und Abgeschiedenheit, die Platon suchte, um zum Nachdenken und zur Besinnung zu kommen. Dann lag Platon auf dem Rücken und lauschte dem eintönigen Singsang der Baumgrillen, diesen Musengeschöpfen und Helfern der Dichter. Er gedachte eines Mannes, der so prägend für sein eigenes Leben geworden war und dem er so viel verdankte: untersetzt, mit Glatze und ungepflegtem Vollbart war Sokrates Mittelpunkt schwärmerischer Verehrung, doch genauso oft Ziel der athenischen Spottlust gewesen. Was hatte ihm sein böses Weib Xanthippe wieder angetan? Hatte sie ihm nachgestellt, um ihn vom Philosophieren abzuhalten? Gestern erst sollte sie ihm aus dem Fenster einen Eimer Wasser über den Kopf geschüttet haben, und letzte Woche riß sie ihm gar auf öffentlichem Markt den Mantel vom Leib, um ihn lächerlich zu machen. Aber was tat er denn schon, und was sollte das Schelten? Er war Athener mit Lust am öffentlichen Leben, und Athener war nur, wer selber in die Öffentlichkeit trat. Er besuchte den Marktplatz und die Sportstätten, um alle möglichen Leute, junge wie alte, in nichtsnutzige Gespräche zu verwickeln. »Seine Hebammenkunst« hatte er das genannt, und im ewigen Diskutieren und im Infragestellen erblickte er die einzig wahre Möglichkeit, Philosophie zu betreiben. Hielt man ihm seine anstößige Fragerei vor, so behauptete er stets kühn, er tue dies im Auftrag des Gottes Apollon.

Er selbst, Platon, hatte mit zwanzig Jahren diesen Menschen getroffen, er, der Adlige, den Handwerker, der damals zweiundsechzig Jahre alt war. Sein ganzes Leben hatte sich daraufhin verändert; der allzu großen Faszination hatte er sich nicht entziehen können. Vieles hatte er von diesem großen Mann gelernt, und wie vieles wollte er noch lernen. Wenige Jahre blieben für Schüler und Lehrer, dann kam Athens Zusammenbruch. Lange Kriegsjahre hatten das Gemeinwesen zermürbt, die Menschen waren die Entbehrungen leid, überall machte sich eine Tendenz zum Kleinlichen und Technischen bemerkbar, das Ende einer großzügigen Kulturpolitik und der damit verbundenen Geistigkeit war erreicht. Sokrates beobachtete mit Schrecken die Zeichen des Verfalls, sah die Ratlosigkeit und Orientierungslosigkeit der jungen Leute und erahnte die Heraufkunft einer tiefgreifenden Krise des griechischen Geistes.

Währenddessen suchten die Politiker von ihrem eigenen Versagen und den inneren Problemen des Stadtstaates abzulenken, man suchte einen Schuldigen. Da bot sich Sokrates geradezu an, ein Mann, der selbst nichts Positives beizutragen hatte, ein Müßiggänger, der eine verzauberte Schar von Schülern um sich versammelt hatte. Mußte man in ihm nicht den gefährlichen Verderber der Jugend sehen? Alles ging dann sehr schnell: Ein Athener Gericht klagte Sokrates der Gottlosigkeit und der Verführung der Jugend an. Der Prozeß zog sich nicht lange hin, das Todesurteil war im voraus gefällt. Auf die Vernehmung der Richter hin, was die ständige, doch unsinnige Fragerei des Sokrates solle, antwortete er: »Was ich tue, ist nichts anderes, als daß ich umhergehe und die Jüngeren wie Älteren unter euch ermahne, sich weder um den Leib noch um Geld eher zu sorgen als um die Seele, daß sie nämlich so gut wie möglich werde. Wenn ihr mich tötet, werdet ihr nicht leicht einen von dieser Art finden – mag es auch lächerlich klingen –, der geradezu der Stadt von Gott beigegeben ist, beigegeben ist wie einem großen und edlen Roß, das aber eben seiner Größe wegen eher träge ist und zu seiner Aufmunterung des Sporns bedarf. So, scheint mir, hat mich Gott der Stadt beigegeben, als einen, der nicht aufhört, jeden einzelnen unter euch aufzuwecken...« Freunde und Schüler baten den geliebten Lehrer, zu fliehen. Er lehnte jedoch ab, denn gesetzwidrig zu handeln sei »schändlich und nichtswürdig«. Sein Leben lang habe er die Wohltaten des Staates genossen, nun den Gesetzen den Gehorsam aufzukündigen, sei nicht recht. Als er den Giftbecher leerte, war dies in letzter Konsequenz ein Dienst an der eigenen Philosophie.

Vierzehn Jahre war all das her. An dem Verlust war Platon damals nahezu verzweifelt. Nun lag er hier im Schatten der mittäglichen Sonne, die Freunde um ihn herum, die sich auf den Weg der Wahrheitssuche begeben hatten. Platon wußte, daß nach dem Tode des Sokrates viel Klatsch über ihn im Umlauf war, daß er als neidisch galt und sich zu den Schülern des großen Lehrers angeblich verhielt wie eine Stiefmutter. Nach Sizilien sei er nur gereist, um dort die Lavaströme zu sehen, und obwohl sein Kollege Aischines sehr arm war, habe er diesem seinen einzigen Schüler abspenstig gemacht. Gegen Phaidon, einen Freund der alten Tage, hätte er sogar einen Prozeß angestrengt, um ihn als Sklaven nachzuweisen.

Doch dies alles war vergeben und vergessen. Philosophieren war nun für Platon der Weg geworden, auf welchem der Mensch zur Anschauung des Wesentlichen und des Wesenhaften gelangen kann. »Kein größeres Gut gibt es, das als Geschenk der Götter dem sterblichen Geschlecht zukam oder je zukommen wird«, sagte er im Hinblick auf die Philosophie. Sie allein reiße den Menschen aus seinem alltäglichen Dasein, bringe ihn zur Vernunft und führe ihn in die Tiefen seines innersten und reinsten Wesens. Denn Philosophie heiße nichts anderes als Liebe zum Besonnensein und Liebe zur Wahrheit. Wahrheit und Weisheit aber gehören nach Platons Lehre zu den schönsten Dingen dieser Welt.

Nichts lag dem griechischen Philosophen Platon ferner, als kurzweilige Lektüre und leichte Denkkost für seine Zeitgenossen oder den streßgeplagten Menschen der Moderne zu entwerfen. Im Gegenteil: Nur Ruhe und Besonnenheit konnten nach Platons Ansicht den Menschen zur »Besinnung« bringen und so die Voraussetzung schaffen, eine Beziehung zur eigenen Seele herzustellen und damit souverän in sich selbst zu ruhen. *Sophrosyne* lautet dieses Zauberwort, das für uns heute schwierig zu übersetzen ist und sich nur mühsam einordnen läßt. Bezeichnungen wie Selbstbeherrschung, Maßhalten – entsprechend der Forderung »Nichts zu sehr!« –, Besonnenheit, rechter Sinn und gesunder Verstand empfehlen uns die Wörterbücher. Das griechische Wort selbst beinhaltet »wohlbehalten und gesund denken« und verweist somit auf die empfohlene Ausgewogenheit unseres Denkens und Trachtens. Wir können also beim Fürsten der Philosophie etwas lernen. Hatte sich schon Sokrates bemüht, mit Hilfe seiner Fragemethode herauszuarbeiten, daß Tugend und sittliche Stärke identisch sind mit Wissen, so machte es sich Platon zur Aufgabe, im Hinblick auf eine vernünftige Lebensform zu klären, was das Gute ist und wie die Seele gut wird. Er behauptete, daß Gesundheit und Wohlergehen der Seele das natürliche und letztendliche Ziel aller Bewegung und Anstrengung seien. Platon suchte Fundamente, auf denen jeder Mensch ein für allemal sein Selbstvertrauen errichten kann. »Kenne dich selbst«, unter diesem Motto des delphischen Apoll ist die Botschaft aus dem Garten der Weisheit noch immer aktuell.

Platon wurde 427 v. Chr. in Athen geboren. Die Eltern entstammten verschiedenen Adelsgeschlechtern der Stadt. Der Vater Ariston starb früh, die Mutter Periktione heiratete ein zweites Mal in eine Oligarchenfamilie ein. So wuchs Platon als behütetes Kind der Oberschicht auf. Doch die Zeiten waren alles andere als ruhig: Athen stand seit zwanzig Jahren in einem unheilvollen Krieg mit Sparta, seine prächtige Flotte wurde bei den Dardanellen völlig zerstört. Im Jahr 404 kam es schließlich zu Zusammenbruch und Kapitulation des einst vorbildhaften Stadtstaates. Trotzdem gedachte Platon, »sobald er sein eigener Herr geworden sei, unverzüglich an die Geschäfte des Staates zu gehen«. Doch es sollte anders kommen. Der Zwanzigjährige lernt den Philosophen Sokrates kennen und wird für die folgenden acht Jahre dessen Schüler und Anhänger. In den politischen Wirrnissen des Jahres 399 entledigt sich die Stadt des unbequemen Sokrates. Athen verurteilt den ständigen Quälgeist und Mahner als »öffentliches Ärgernis« zum Tode, der Philosoph nimmt den Schierlingsbecher. Tief sitzt der Schock bei dem 28jährigen Platon: Der Meister hat ihn in die Kunst der Wahrheitssuche eingeweiht. Bei ihm hat er gelernt, seine innere Stimme zu befragen, schöne Worte aber und die Gedanken und Meinungen zu hinterfragen. Nun muß er Abstand von der traumatischen Erfahrung gewinnen und den schmerzlichen Verlust überwinden. Er geht auf Reisen: Megara, Kyrene und vielleicht auch Ägypten liegen auf der Route.

Nach Athen zurückgekehrt (385), gründet Platon im Garten des Ortsheiligen Akademos eine Schule: Hier sollten die »Freunde des klaren Denkens«, die Philosophen, neben der Verehrung Apolls und der Musen im »Miteinanderreden«, im Dialog also, zu Erkenntnissen und sittlicher Vervollkommnung gelangen. Hier setzte Platon fort, was er von seinem Meister Sokrates gelernt hatte, hier verfaßte er seine ersten Dialoge, welche die Gespräche und Belehrungen des Lehrers bewahren sollten. So entstand das größte literarische Denkmal, das je ein Schüler seinem Lehrer schenkte. Indem Platon Sokrates und dessen Denken als Ausgangspunkt seiner eigenen Philosophie einsetzte, wollte er seiner Dankbarkeit Ausdruck verleihen, diesen bemerkenswerten Mann getroffen und von ihm gelernt zu haben, und ihn gleichzeitig damit ehren. Die Platonischen Schriften bestechen durch ihre gedankliche Kraft und den poetischen Glanz ihrer Sprache – in seiner

Jugend wollte Platon ein Dichter werden. Zur Beliebtheit seiner Dialoge trug sicherlich bei, daß der Leser durch Rede und Gegenrede unmittelbar am Erkenntnisvorgang teilnehmen kann. Ein vielfältiger, zugleich kraftvoller und anmutiger Prosastil, Gleichnisse und phantasievolle Mythen erhöhen den Lesegenuß. Vierzig Jahre lang hat Platon seine Akademie geleitet, Schüler in Rhetorik, Arithmetik, Geometrie und Musiktheorie unterrichtet, um sie auf das eigentliche Studium der Philosophie vorzubereiten. Ziel war es, Menschen zu formen, die, von der Idee der Gerechtigkeit durchdrungen, den Staat zum »Guten und Schönen« besorgen sollten. Zweimal noch unterbrach Platon daher seine Lehrtätigkeit und reiste nach Syrakus in Sizilien (366/65 und 361/60), um dem dortigen Herrscher Dionysios bei der Verwirklichung eines idealen Staates zu helfen. Der Versuch scheiterte jedoch. So war es Platon nicht vergönnt, die Vorstellungen vom gerechten Staat verwirklicht zu sehen. Aus der Akademie gingen große Männer hervor, etwa der Philosoph Aristoteles, der seine eigene Schule, das Lyzeum, gründete. Nahezu 900 Jahre hatte die Philosophenschule bestanden, als im Jahre 529 n. Chr. der christliche Kaiser Justinian für immer ihre »Tore« schloß. Platon starb im Jahre 347 v. Chr.

Der vorliegende Band stellt keinesfalls einen Querschnitt durch Platons Werke und seine wichtigsten Dialoge dar. Vielmehr greift er einige wenige, aber zentrale Gedanken auf, die den Leser zu Ruhe und Besonnenheit führen und ihm helfen wollen, sich selbst kennenzulernen.

Michael Schroeder

Amerikaner: »Wenn ich Ihnen beweise, daß Sie nicht glücklich sind!... Wie soll ich es erklären: Griechenland war einst das bedeutendste Land der Welt...«
Illia: »Das ist es immer noch!«
Amerikaner: »In seiner Glanzzeit lebten drei große Männer: Sokrates, Platon und Aristoteles.«
Illia: »Den letzten kann ich nicht leiden.«
Amerikaner: »Aber alle drei waren bedeutende Männer. Sie widmeten ihr Leben der Frage: Was ist Glück?«
Illia: »Und was sagten sie?«
Amerikaner: »Sie sagten, das wahre Glück entspringt aus dem Verstand. Wahres Glück ist die Freude zu verstehen!«
Illia: »Ach wirklich??... Für mich ist Glück, wenn ich Sie anfasse und es Ihnen gefällt!«

                    Szene aus »Sonntags nie!« mit Melina Mercouri

Was ist die beste Lebensform?

Wie könnte wohl ein Mensch glückselig sein, der irgend wem diente? Sondern das ist eben das von Natur Schöne und Rechte, was ich [Kallikles zu Sokrates] dir nun ganz frei heraus sage, daß wer richtig leben will, seine Bedürfnisse so groß werden lassen muß als möglich, und sie nicht einzwängt; und diesen, wie groß sie auch sind, muß er dennoch Genüge zu leisten vermögen durch Tapferkeit und Einsicht, und worauf seine Bedürfnisse jedesmal gehen, sie befriedigen. Allein dies, meine ich, sind eben die meisten nicht im Stande, weshalb sie grade solche Menschen tadeln aus Scham, ihr eignes Unvermögen verbergend, und sagen, die Ungebundenheit sei etwas Schändliches, um, wie ich auch vorher schon sagte, die von Natur besseren Menschen einzuzwängen; und weil sie selbst ihren Lüsten keine Befriedigung zu verschaffen vermögen, so loben sie die Besonnenheit und die Gerechtigkeit, ihrer eigenen Unmännlichkeit wegen. Denn denen, welche entweder schon ursprünglich Söhne von Königen waren, oder welche kraft ihrer eigenen Natur vermochten sich ein Reich oder eine Macht und Herrschaft zu gründen, was wäre wohl unschöner und übler als die Besonnenheit für diese Menschen, wenn sie, daß sie des Guten genießen könnten, und ihnen niemand im Wege steht, sich selbst einen Herren setzten, nämlich des großen Haufens Gesetz, Geschwätz und Gericht. Oder wie sollten sie nicht elend geworden sein durch das Schöne der Gerechtigkeit und Besonnenheit, wenn sie nun ihren Freunden nichts mehr zuwenden als ihren Feinden, und das, ohnerachtet sie herrschen in ihrem Staat! Sondern der Wahrheit nach, o Sokrates, die du ja behauptest zu suchen, verhält es sich so: Üppigkeit und Ungebundenheit und Freigebigkeit, wenn sie nur Rückhalt haben, sind eben Tugend und Glückseligkeit; jenes andere aber sind Ziererereien, widernatürliche Satzungen, leeres Geschwätz der Leute und nichts wert.

Gorgias, 491 e-492 c

Achtsamkeit und Sorglosigkeit

Das Leben ist mühselig. Ich [Sokrates] wenigstens wollte mich nicht wundern, wenn Euripides recht hätte, wo er sagt: Wer weiß ob unser Leben nicht ein Tod nur ist, gestorben sein dagegen Leben? und ob wir vielleicht in der Tat tot sind. Was ich auch sonst schon von einem Weisen gehört habe, daß wir jetzt tot wären, und unsere Leiber wären nur unsere Gräber, der Teil der Seele aber, worin die Neigungen sind, wäre ein beständiges Aneignen und Abstoßen aufwärts und abwärts, welches ein stattlicher Mann, der Sinnbilder dichtet, einer aus Sikelien wohl oder Italien mit dem Worte spielend wegen des Einfüllens und Fassenwollens ein Faß genannt hat, und die Ausgelassenen Ausgeschlossene, und bei diesen Ausgeschlossenen könnte nun der Teil der Seele, wo die Neigungen sind, eben wegen der Ungebundenheit und Unhaltbarkeit nicht schließen, wie ein leckes Faß, womit er sie der Unersättlichkeit wegen verglich. Und ganz dir entgegengesetzt, zeigt dieser, daß in der Schattenwelt, worunter er die Geisterwelt meinte, jene Ausgeschlossenen die Unseligsten wären und Wasser trügen in das lecke Faß mit einem eben so lecken Siebe. Unter dem Siebe aber verstand er, wie der sagt, der es mir erzählte, die Seele, und die Seele der Ausgelassenen verglich er mit einem Siebe, weil sie leck wäre und nichts festhalten könne, aus Ungewißheit und Vergeßlichkeit. Dies ist nun gewissermaßen hinreichend wunderlich; es macht aber doch deutlich, was ich dich gern, wenn ich es dir irgend zeigen könnte, überreden möchte zu wechseln, und anstatt des unersättlichen und ausgelassenen und ungebundenen Lebens das besonnene, und mit dem jedesmal vorhandenen sich begnügende zu wählen. Aber wie ist es nun? überrede ich dich wohl, und änderst du deine Behauptung dahin, daß die Sittlichen glückseliger sind als die Ungebundenen; oder schaffe ich nichts, sondern wenn ich auch noch soviel dergleichen dichtete, würdest du doch deine Meinung nicht ändern? [...] Wohlan, ich will dir noch ein anderes Bild erklären aus derselben Schule wie das vorige. Gib acht, ob du wohl dies richtig findest von jeder dieser beiden Lebensweisen, der besonnenen und der ungebundenen, wie wenn zwei Menschen jeder viele Fässer hätte. Die des einen wären dicht und angefüllt eins mit Wein, eins mit Honig, eins mit Milch und viele andere mit vielen andern Dingen; die Quellen aber von dem allen wären sparsam und schwierig, und gäben nur mit vieler Mühe und Arbeit etwas her. Jener eine nun hätte seine Fässer voll, und leitete nichts weiter hinein, dächte auch gar nicht weiter daran, sondern wäre hierüber ganz ruhig. Der andere aber hätte eben wie jener solche Quellen, die zwar etwas hergäben aber mit Mühe, seine Gefäße aber wären leck und morsch, und er müßte sie Tag und Nacht anfüllen oder die ärgste Pein erdulden. Willst du nun, wenn es sich mit diesen beiden Lebensweisen so verhält, dennoch sagen, die des Ungebundenen wäre glückseliger als die des Sittlichen?

Gorgias, 492 e-494 a

Besonnenheit als Inbegriff des guten Lebens

Ist wohl das Angenehme und das Gute identisch? Nicht identisch, wie ich [Sokrates] und Kallikles übereingekommen sind. – Muß nun das Angenehme um des Guten willen getan werden, oder das Gute um des Angenehmen? – Das Angenehme um des Guten. – Angenehm aber ist das, durch dessen Anwesenheit wir ergötzt werden; gut hingegen, durch dessen Anwesenheit wir gut sind? – Gewiß. – Gut aber sind wir, und alles andere was gut ist, durch irgend einer Tugend Anwesenheit? – Dies dünkt mich wenigstens notwendig, Kallikles. – Die Tugend eines jeglichen Dinges aber, eines Gerätes wie eines Leibes und so auch einer Seele und jegliches Lebenden, findet sich nicht so von ohngefähr aufs schönste herzu, sondern durch Ordnung, richtiges Verhalten, und durch die Kunst, welche eben einem jeden angewiesen ist. Ist dies wohl so? – Ich wenigstens bejahe es. – Durch Ordnung also wird die Tugend eines jeden festgesetzt und in Stand gebracht? – Ich würde es bejahen. – Eine gewisse eigentümliche Ordnung also, die sich in einem jeden bildet, macht jeden und jedes gut? – So dünkt mich. – Auch die Seele also, die ihre eigentümliche Ordnung und Sitte hat, ist besser als die ungeordnete? – Notwendig. – Die aber Ordnung und Sitte hat, das ist die sittliche? – Wie anders? – Und die sittliche ist die besonnene? – Notwendig. – Die besonnene Seele also ist die gute? – Ich wenigstens weiß nichts anders zu sagen als dies, lieber Kallikles, weißt du aber etwas, so lehre es mich. Weiter also sage ich, wenn die besonnene die gute ist: so ist die von der entgegengesetzten Beschaffenheit die böse; diese war aber die besinnungslose und ungebundene? – Freilich. – Der Besonnene aber tut überall was sich gebührt gegen Götter und Menschen; denn er wäre ja nicht besonnen, wenn er das Ungebührliche täte? – Das ist notwendig so. – Tut er nun was sich gebührt gegen Menschen, so tut er das Gerechte; und wenn dasselbe gegen die Götter, dann das Fromme, und wer gerecht und fromm handelt, der ist notwendig auch gerecht und fromm? – So ist es. – Ja auch tapfer wohl notwendig; denn dem Besonnenen ist es nicht eigen, zu suchen oder zu fliehen was sich nicht gebührt, sondern diejenigen Ereignisse und Menschen, Lust und Unlust zu fliehen und zu suchen, welche er soll, und standhaft auszuharren, wo er soll. So daß notwendig, o Kallikles, der besonnene Mann, da er, wie wir gezeigt haben, auch gerecht und tapfer und fromm ist, auch der vollkommen gute Mann sein wird; der Gute aber wird schön und wohl in allem leben, wie er lebt, wer aber wohllebt, wird auch zufrieden und glückselig sein; der Böse hingegen und der schlecht lebt, elend.

Gorgias, 506 d-507 c

Was ist Besonnenheit – Bedächtigkeit?

Wenn dir die Besonnenheit beiwohnt, mußt du auch etwas von ihr auszusagen wissen. Denn notwendig muß ihr Einwohnen wenn sie dir einwohnt, eine Empfindung hervorbringen, auf welche dir dann irgend eine Vorstellung von der Besonnenheit sich gründet, was sie wohl ist und worin sie besteht. Oder meinst du nicht so? – Das meine ich wohl, sprach er [Charmides]. Und dieses, fuhr ich [Sokrates] fort, was du meinst, mußt du doch, da du hellenisch reden kannst, auch zu sagen wissen, was es dir erscheint. – Vielleicht, sagte er. – Auf daß wir nun beurteilen können, ob sie dir einwohnt oder nicht, so sage mir, sprach ich, was behauptest du, daß die Besonnenheit ist nach deiner Vorstellung? – Anfänglich nun war er bedenklich und wollte gar nicht recht antworten, hernach jedoch sagte er, Besonnenheit dünke ihn zu sein, wenn man alles sittsam verrichte und bedächtig, auf der Straße gehn und sprechen, und alles andere ebenso. Und mich dünkt, sagte er, überhaupt eine gewisse Bedächtigkeit das zu sein wonach du fragst. – Ist das auch, sprach ich, gut erklärt? Sie sagen freilich, Charmides, von den Bedächtigen, daß sie besonnen sind. Laß uns also zusehen, ob etwas damit gesagt ist.

Sage mir also, gehört die Besonnenheit nicht zu dem Schönen? – Ei freilich, sagte er. – Welches ist nun schöner, beim Sprachlehrer die Buchstaben eben so gut und dabei geschwind schreiben oder bedächtig? – Geschwind. – Und lesen, geschwind oder langsam? – Geschwind. – Und wohl auch geschwind die Lyra spielen, und mit Behendigkeit ringen ist bei weitem schöner als bedächtig und langsam? – Ja. – Wie nun beim Faustkampf und beim Doppelringen, nicht eben so? – Allerdings. – Und im Laufen und Springen und allen andern körperlichen Handlungen, ist da nicht das Behende und Geschwinde auch das Schönere, was aber langsam, mühselig und bedächtig geschieht, das Schlechtere? – So zeigt es sich. – Es zeigt sich uns also, sprach ich, was den Leib betrifft nicht das Bedächtige, sondern das Schnellste und Behendeste als das Schönste. Nicht wahr? – Allerdings. – Die Besonnenheit aber war etwas Schönes? – Ja. – Also wäre, was wenigstens den Leib betrifft, nicht die Bedächtigkeit besonner, sondern die Schnelligkeit, wenn doch die Besonnenheit etwas Schönes ist. – So sieht es aus, sprach er. – Wie aber, fuhr ich fort, ist die Gelehrigkeit schöner oder die Ungelehrigkeit? – Die Gelehrigkeit. – Es besteht aber doch, sprach ich, die Gelehrigkeit im schnell lernen, die Ungelehrigkeit aber im bedächtig und langsam? – Ja. – Und einen andern lehren ist das nicht auch schöner geschwind und mit Macht als bedächtig und langsam? – Ja wohl. – Und wie, etwas ins Gedächtnis fassen und sich erinnern, ist das schön bedächtig und langsam oder hurtig und leicht? – Hurtig und leicht. – Und die Geistesgegenwart, ist die nicht eine Behendigkeit der Seele, nicht aber eine Langsamkeit? – Richtig. – Also auch begreifen was gesagt wird beim Sprachlehrer und beim Musiklehrer und sonst überall, auch das geschieht nicht am bedächtigsten aufs schönste, sondern am schnellsten? – Ja. – Aber gewiß auch in Absicht auf die Nachforschungen der Seele und das Beratschlagen wird nicht der Bedächtigste, denke ich, und der nur mit Mühe sich berät und etwas ausfindet für lobenswürdig geachtet, sondern der dieses am leichtesten und schnellsten vermag. – So ist es, sagte er. – In allen Dingen also, sprach ich, Charmides, sowohl was die Seele als was den Leib betrifft, erscheint uns das worin sich Kraft und Schnelligkeit zeigt schöner, als das worin Langsamkeit und Bedächtigkeit. – So kommt es heraus, sagte er. – Also wäre wohl die Besonnenheit nicht eine Bedächtigkeit, und das besonnene Leben nicht ein bedächtiges nach dieser Rede, da ja das besonnene das schöne sein soll. Denn eins von beiden, entweder gar nirgends oder nur in sehr wenigen Fällen fanden wir die bedächtigen Handlungen in dem Leben schöner, als die schnellen und kräftigen. Und wenn nun auch, mein Lieber, aufs höchste gesagt, nicht wenigere bedächtige Handlungen die schöneren sind als schnelle und behende: so wäre doch auch so nicht das bedächtig handeln mehr Besonnenheit als das schnell und behende, weder im Gehen noch im Lesen, und auch sonst nirgends wäre das bedächtige Leben irgend besonnener als das nichtbedächtige, da wir in unserer Erklärung vorausgesetzt haben, die Besonnenheit gehöre unter das Schöne, und sich uns nun das schnelle nicht minder schön gezeigt hat, als das bedächtige. – Richtig, Sokrates, sagte er.

Charmides, 159 a-160 d

Ist Besonnenheit Scham?

Noch einmal also, Charmides, sprach ich [Sokrates]; und genauer aufmerkend schaue in dich selbst, und beobachte wozu dich die dir einwohnende Besonnenheit macht, und was sie wohl sein muß, um dich hierzu zu machen, und dies alles zusammennehmend sage dann grade und dreist, als was sie dir erscheint. – Hierauf hielt er an sich, und nachdem er sehr wacker die Sache bei sich überlegt hatte, sagte er: Mich dünkt also, die Besonnenheit mache schämen und den Menschen verschämt, und daß also die Besonnenheit ist, was die Scham ist. – Wohl, sprach ich. Gestandest du nicht vorher ein, die Besonnenheit wäre etwas Schönes? – Allerdings, sagte er. – Also sind auch wohl die besonnenen Menschen gute? – Ja. – Kann nun wohl etwas gut sein, was sie nicht zu guten macht? – Nicht wohl. – Nicht nur etwas Schönes ist sie, sondern auch etwas Gutes? – So dünkt es mich. – Wie nun, sprach ich, glaubst du nicht, daß Homer recht hat, wenn er sagt: Nicht gut ist Scham dem darbenden Manne? – Ich wohl, sagte er. – Also wie es scheint ist die Scham gut und auch nicht gut? – So zeigt es sich. – Die Besonnenheit aber ist gut, da sie diejenigen zu Guten macht, denen sie beiwohnt, zu Schlechten aber nicht. – Ganz gewiß, so dünkt es mich zu sein wie du sagst. – Nicht also wäre die Besonnenheit Scham, wenn jener zukommt gut zu sein, dieser aber um nichts mehr gut als schlecht. – Dies scheint mir ganz richtig gesagt zu sein, Sokrates.

Charmides, 160 e-161 b

Besonnenheit ist, das Seinige zu tun

Eben erinnere ich mich, was ich schon einen habe sagen gehört, Besonnenheit sei, wenn man das Seinige tue. Überlege also, ob dich der dünkt richtig zu erklären, der dieses sagt. – Du Schlauer, sagte ich [Sokrates] darauf, das hast du vom Kritias gehört, oder von einem anderen Weisen. – So muß es wohl, sagte Kritias, von einem anderen sein, denn von mir wenigstens nicht. – Aber Sokrates, sagte Charmides wieder, was verschlägt es denn, von wem ich es gehört habe? – Nichts, sprach ich. Denn allewege ist nicht darauf zu sehen, wer etwas gesagt hat, sondern ob es richtig gesagt ist oder nicht. – Nun sprichst du wie es sich gehört, sagte er. – Beim Zeus, sprach ich, ob wir aber auch nur finden werden, was dies eigentlich bedeutet, das soll mich wundern; denn es sieht aus wie ein Rätsel. – Weshalb doch? fragte er. – Weil doch gewiß derjenige es nicht so gemeint hat, wie die Worte lauten, welcher sagt, Besonnenheit sei, wenn man das Seinige tue. Oder glaubst du, der Sprachlehrer tue nichts, wenn er schreibt oder liest? – Ich, sagte er, glaube ja. – Meinst du nun, daß der Sprachlehrer immer nur seinen eigenen Namen liest und schreibt und euch Kinder lehrt? Oder schrieb und last ihr der Feinde Namen nicht minder als eure eignen und der Freunde ihre? – Nicht minder. – Also wart ihr mit fremden Angelegenheiten beschäftigt und also nicht besonnen, indem ihr dieses tatet? – Keinesweges. – Doch aber tatet ihr nicht das eurige, wenn doch schreiben ein Tun ist und lesen. – Das ist es gewiß. – Und heilen, lieber Freund, und bauen, und weben, und mit welcher Kunst du immer willst eins von den Werken dieser Kunst verrichten, das ist doch wohl auch ein Tun? – Allerdings. – Wie also, sprach ich, dünkt dich wohl eine Stadt gut verwaltet zu werden unter diesem Gesetz, welches befiehlt, jeder solle sein eigenes Kleid weben und waschen, und seine eigenen Schuhe schneiden und mit Ölschläuchen und Kratzeisen und allem anderen nach demselben Verhältnis das Fremde nämlich ja nicht berühren, sondern jeder sein eignes machen und verrichten? – Mich dünkt nicht, sagte er. – Aber doch besonnen verwaltet würde sie gut verwaltet? – Wie sonst? sagte er. – Also kann nicht in solchen Dingen und auf solche Art das Seinige tun Besonnenheit sein. – Offenbar nicht. – Also hat der rätselhaft gesprochen, wie es scheint, und ich auch vorher schon sagte, der da sagt, das Seinige tun sei Besonnenheit. Denn so einfältig war er doch wohl nicht. Oder hast du einen albernen Menschen dieses sagen gehört, Charmides? – Keinesweges, sprach er, vielmehr dünkte er mich gar weise zu sein. – Ganz gewiß also, wie mich dünkt, hat er dies nur als ein Rätsel hingeworfen, weil es nämlich schwer ist zu wissen, was das heißen soll, das Seinige tun. – Vielleicht, sagte er. – Was mag also das wohl heißen, das Seinige tun? Kannst du es sagen? – Beim Zeus, sagte er, ich weiß es nicht. Aber was hindert, daß vielleicht der, welcher es gesagt hat, auch nicht wußte was er dachte? Und indem er dies sagte, lächelte er, und sah nach dem Kritias hin.

Dem Kritias aber war schon lange deutlich anzusehn, wie gepeinigt er war und wie gern er sich gezeigt hätte vor dem Charmides und den Anwesenden, und wie er sich schon vorher nur mit Gewalt zurückgehalten hatte, nun aber konnte er es gar nicht mehr. Daher ich glaube es war ganz gewiß so, wie ich vermutete, daß Charmides diese Antwort über die Besonnenheit vom Kritias gehört hatte. Charmides nun, der nicht Lust hatte, selbst die Antwort zu vertreten, sondern daß jener es tun sollte, reizte ihn nun selbst auf, und deutet auf ihn hin, als wäre er widerlegt. Dies nun hielt er nicht aus, sondern schien ihm sehr böse zu sein, wie ein Dichter dem Schauspieler, der sein Gedicht übel zurichtet, so daß er ihn ansah und sagte: So meinst du Charmides, weil du nicht weißt was jener dachte, welcher sagte: Besonnenheit sei, wenn man das Seinige tue, daß deshalb jener selbst es auch nicht wisse? –

Aber, sprach ich, bester Kritias, das ist wohl nicht zu verwundern, daß dieser es nicht weiß, der noch so jung ist, wohl aber ist zu glauben, daß du es weißt in deinem Alter und bei deinen Beschäftigungen mit diesen Dingen. Wenn du also einräumst, das sei die Besonnenheit, was dieser sagt, und du den Satz übernehmen willst: so möchte ich noch weit lieber mit dir untersuchen, ob das Gesagte wahr ist oder nicht. – Allerdings, sagte er, räume ich es ein und übernehme es. – Sehr wohl getan, sprach ich, und sage mir, ob du auch das was ich eben fragte zugibst, daß alle Handwerker etwas machen? – Ich gewiß. – Meinst du also, daß sie nur das ihrige machen, oder auch anderer ihres? – Auch anderer ihres. – Besonnen also sind Leute, die doch nicht nur das ihrige machen? – Was hinderts? sagte er. – Mich freilich nichts, sprach ich, aber sieh doch zu, ob es nicht jenen hindert, welcher angenommen hatte: Besonnen sein heiße das Seinige tun, wenn er hernach wieder sagt, es hindere nichts, daß auch die, welche anderer ihres tun, können besonnen sein. – Habe ich denn, sagte er, das eingestanden, daß die anderer ihres tun besonnen sind? oder habe ich nur zugegeben die es machen? – Sage mir doch, sprach ich, ist denn das bei dir nicht dasselbe, das Tun und das Machen? – Keinesweges doch, sagte er, auch nicht verrichten und machen. Dies habe ich nämlich vom Hesiodos gelernt, welcher sagt: Keine Verrichtung ist Schande. Glaubst du denn, wenn er dergleichen hätte Verrichtungen genannt und verrichten und tun was du jetzt anführtest, er würde behauptet haben, es sei niemanden Schande Schuhe zu machen oder zu hökern oder sich selbst feil zu haben? Das darf man ja wohl nicht glauben, Sokrates, sondern auch er, glaube ich, hielt Machen für etwas anderes als Verrichten und Tun, und daß etwas zu machen wohl bisweilen Schande wäre, wenn das Schöne nicht dabei ist, keine Verrichtung aber jemals Schande wäre. Denn nur was schön und nützlich gemacht ist, nannte er Werke, und nur ein solches Machen Verrichtungen und Handlungen. Und man muß behaupten, nur dergleichen habe er für das einem jeden Gehörige gehalten, alles Schädliche aber für ungehörig. So daß man glauben muß, auch Hesiodos und jeder andere, wer nur vernünftig ist, halte den, der das Seinige tut, für besonnen. – O Kritias, sprach ich, gleich als du anfingst, habe ich wohl beinahe deine Erklärung verstanden, daß du unter dem einem jeden Gehörigen und Seinigen Gutes verständest, und unter den Handlungen was die Guten machten; denn auch vom Prodikos habe ich tausenderlei dergleichen gehört, wie er die Worte unterscheidet. Ich aber will dir gern gestatten, jedes Wort zu nehmen wie du willst; erkläre dich aber nur, worauf du jedes Wort beziehst, dessen du dich bedienst. Jetzt also bestimme von vorn noch einmal deutlicher, ob du die Handlung oder Verrichtung oder wie du es sonst nennen willst des Guten, ob du diese Besonnenheit nennst? – Das tue ich, sagte er. – Der also ist nicht besonnen, der das Böse tut, sondern der das Gute? – Und dich, Bester, sprach er, dünkt es nicht so? – Mag es doch, antwortete ich. – Ich meines Teils jedoch, sagte er, leugne, daß wer nicht Gutes macht, sondern Böses, besonnen ist; wer aber Gutes macht und nicht Böses, der ist besonnen.

Charmides, 161 c-163 e

Besonnenes Handeln beruht auf Wissen

Mich wundert, wenn du glaubst, besonnene Menschen könnten nicht wissen, daß sie besonnen sind. – Aber das glaube ich auch nicht, sagte er. – Wurde nicht, fragte ich [Sokrates], vor kurzem von dir gesagt, es stehe nichts im Wege, daß Künstler, auch wenn sie etwas für andere machen, könnten besonnen sein? – Das wurde gesagt, sprach er, aber was soll dieses? – Nichts. Aber sage mir, dünkt dich ein Arzt, indem er jemanden gesund macht, etwas Nützliches zu machen für sich selbst und auch für den, den er heilt? – Mich dünkt er. – Und der tut doch was sich gehört, der dieses tut? – Ja. – Und wer tut was sich gehört, ist der nicht besonnen? – Wohl ist er besonnen.

Muß aber jeder Arzt notwendig wissen, wann er mit Erfolg den Kranken behandelt und wann nicht? und so jeder Künstler, wann er Nutzen haben wird von dem Werke, welches er verrichtet, und wann nicht? – Vielleicht wohl nicht. – Also bisweilen, sprach ich, indem er nützlich handelt oder schädlich, weiß der Arzt selbst nicht wie er handelt; dennoch aber, wenn er nützlich handelt, nach deiner Rede, hat er auch besonnen gehandelt. Oder sagtest du nicht so? – Allerdings. – Also, wie es scheint, bisweilen handelt er zwar besonnen, weiß aber selbst nicht, daß er besonnen ist. – Aber dieses, o Sokrates, sagte er, kann doch auf keine Weise sein; sondern wenn du meinst, daß etwas von dem, was ich vorher behauptete, hierauf notwendig führe, möchte ich lieber etwas von jenem zurücknehmen, und mich nicht schämen einzugestehen, daß ich mich unrichtig ausgedrückt habe, lieber als daß ich zugeben sollte, irgend ein Mensch, der von sich selbst nicht wisse, könne besonnen sein.

Charmides, 164 a-d

Besonnenheit ist, sich selbst zu erkennen

Ich [Kritias] möchte beinahe sagen, eben dieses wäre die Besonnenheit, das »Sich selbst kennen«, und ganz dem beistimmen, der in Delphi diesen Spruch aufgestellt hat [Aufforderung des Delphischen Orakels an seine Besucher]. Denn in solchem Sinne scheint mir dieser Spruch hingestellt zu sein als eine Anrede des Gottes an die Eintretenden, anstatt des »Sei fröhlich«, als ob nämlich jener Wunsch nicht recht wäre fröhlich zu sein, und wir uns dazu nicht ermuntern müßten, sondern besonnen zu sein. Auf diese Art also begrüßt der Gott die Eintretenden in seinem Tempel ganz anders als die Menschen, nach der Meinung dessen der diese Tafel geweiht hat, wie mich wenigstens dünkt, und spricht zu jedem Eintretenden nichts anderes als »Sei besonnen« sagt er ihm. Etwas rätselhaft freilich wie ein Wahrsager drückt er sich aus. Das »Kenne dich selbst« und »Sei besonnen« ist also zwar dasselbe, wie jener Spruch behauptet und ich; leicht aber mag mancher glauben, beides wäre verschieden, und das dünkt mich auch denen begegnet zu sein, welche die folgenden Sprüche aufgestellt haben, das Nichts zu viel und Wer zu viel und Wer sich verbürgt, dem nahet Verderben. Denn diese haben geglaubt, das »Kenne dich selbst« wäre ein Rat, nicht aber eine Begrüßung des Gottes [Apollon] für die Eintretenden, und um also auch selbst nicht minder heilsame Ratschläge aufzustellen, haben sie dieses niedergeschrieben und aufgestellt. Weshalb ich nun alles dieses sage, o Sokrates, das ist folgendes.

Das vorige alles schenke ich dir. Denn vielleicht hast du einiges richtiger darüber gesagt, vielleicht auch ich; recht bestimmt aber war gar nichts von dem, was wir sagten. Jetzt aber will ich dir hierüber Rede stehn, wenn du nicht annimmst, die Besonnenheit sei das »Sich selbst kennen«. – Aber Kritias, sprach ich [Sokrates], du handelst mit mir, als behauptete ich das zu wissen, wonach ich frage, und als könne ich also, wenn ich nur wollte, gleich dir beistimmen. So verhält es sich aber nicht, sondern ich suche erst mit dir, was wir uns aufgegeben haben, weil ich es eben selbst nicht weiß. Habe ich es also untersucht, dann will ich wohl sagen, ob ich es annehme oder nicht; aber gedulde dich, bis ich es untersucht habe. – So untersuche es denn, sagte er. – Ich tue es auch schon, sprach ich. Wenn also die Besonnenheit darin besteht, daß man etwas kennt, so ist sie offenbar eine Erkenntnis und von etwas. Oder nicht? – Das ist sie auch, sagte er, seiner selbst nämlich. – Ist nicht auch die Heilkunde, sprach ich, eine Erkenntnis, des Gesunden nämlich? – Allerdings. – Wenn du mich nun, sprach ich, fragtest, die Heilkunde, als die Erkenntnis des Gesunden, wozu ist sie uns nützlich, und was bewirkt sie uns: so würde ich antworten, keinen kleinen Vorteil, nämlich die Gesundheit, ein gar schönes Werk bewirkt sie uns, wenn du dies annimmst. – Das nehme ich an. – Und wenn du mich weiter fragtest nach der Baukunst, als der Erkenntnis des Bauens, was für ein Werk, ich behauptete, daß die uns bewirkte: so würde ich sagen, Wohnungen. Und so auch mit den übrigen Künsten. Eben so etwas mußt nun auch du von der Besonnenheit, da du behauptest, sie sei die Erkenntnis seiner selbst, zu sagen wissen, wenn du gefragt wirst: Kritias, die Besonnenheit als die Erkenntnis seiner selbst, was für ein schönes und ihres Namen würdiges Werk bewirkt sie uns denn? So komm nun und sage es. – Aber Sokrates, sagte er, du untersuchst nicht richtig. Denn diese Erkenntnis ist ihrer Natur nach den übrigen nicht ähnlich, wie auch nicht die übrigen alle untereinander, du aber führst deine Untersuchung als wären sie einander ähnlich. Denn sage mir, sprach er, wo gibt es wohl von der Rechenkunst oder von der Meßkunst ein solches Werk, wie das Haus von der Baukunst oder das Kleid von der Webekunst, oder dergleichen Werke, deren einer viele von vielen andern Künsten aufzeigen könnte? Hast du mir etwa auch von diesen ein solches Werk zu zeigen? Das wirst du gewiß nicht haben. – Darauf sagte ich, du hast recht. Aber das kann ich dir doch aufzeigen, wovon nun eine jede von diesen Erkenntnissen die Erkenntnis ist, was wieder etwas anderes ist als die Erkenntnis selbst. So ist die Rechenkunst die Erkenntnis des Graden und Ungraden, wie sie sich unter sich und gegen einander in jeder Menge verhalten. Nicht wahr? – Allerdings. – Und ist nicht das Gerade und Ungerade etwas anderes als die Rechenkunst selbst? – Wie sollte es nicht? – Und die Statik ist doch die des schwereren und leichteren Gewichts; das Schwere und Leichte aber ist etwas anderes als die Statik selbst. Gibst du das zu? – O ja. – Sage also auch, wessen Erkenntnis denn die Besonnenheit ist, was etwas anderes ist als die Besonnenheit selbst. – Das ist eben die Sache, Sokrates, sprach er, nun bist du dem auf die Spur gekommen, wodurch die Besonnenheit sich von allen Erkenntnissen unterscheidet, du aber suchst bei ihr eine Ähnlichkeit mit den übrigen. So ist es aber nicht, sondern die übrigen alle sind eines anderen Erkenntnisse, sie allein aber ist sowohl der andern Erkenntnisse Erkenntnis als auch selbst ihrer selbst.

Charmides, 164e-166c

Besonnenheit ist die Erkenntnis ihrer selbst

Der Besonnene also allein wird sich selbst erkennen, und im Stande sein zu ergründen was er wirklich weiß und was nicht; und eben so auch wird er vermögend sein andere zu beurteilen, was einer weiß und auch zu wissen glaubt, da er es ja weiß, und auch wieder was einer zu wissen glaubt, es aber nicht weiß; sonst aber keiner. Und dies ist also das Besonnensein und die Besonnenheit und das Sich-selbst-Kennen, zu wissen was einer weiß und was er nicht weiß. Ist es dieses, was du meinst? – Dies ist es, sagte er. – Noch einmal also, sprach ich [Sokrates], das dritte von den drei guten Dingen, laß uns von Anfang an erwägen, zuerst ob dies wohl möglich ist oder nicht, was einer weiß und nicht weiß zu wissen, daß er es weiß und nicht weiß, hernach wenn es auch noch so möglich ist, was für ein Nutzen es uns wohl wäre es zu wissen. – Das müssen wir freilich erwägen, sagte er. – Komm also Kritias, sprach ich, und siehe zu, ob du besseren Rat dafür hast als ich, denn ich habe keinen. Wie so ich aber ratlos bin, soll ich dir das sagen? – Ja wohl, sagte er. – Ist es nicht so, sprach ich, alles dieses, findet statt, wenn, was du jetzt eben sagtest, es eine gewisse Erkenntnis gibt, welche von nichts anderem als von sich selbst und den übrigen Erkenntnissen die Erkenntnis ist, und dieselbe zugleich auch von der Unkenntnis? – Allerdings. – Sieh also, Freund, was wir Wunderliches zu behaupten unternehmen! Denn wenn du an andern Dingen dasselbe aufsuchst, wird es dich unmöglich zu sein dünken. – Wie doch und wo? – So meine ich. Bedenke nur, ob du glauben kannst es gebe ein Sehen, welches gar nicht ein Sehen derer Dinge ist, die anderes Sehen sieht, sondern nur ein Sehen von sich selbst und anderem Sehen, und vom Nichtsehen ebenfalls, und welches keine Farbe sieht, ob es gleich ein Sehen ist, sich selbst aber und anderes Sehen sieht. Glaubst du, daß es ein solches gibt? – Beim Zeus, ich nicht. – Und wie ein Hören welches keine Stimmen hört, sich selbst aber und anderes Hören und Nichthören? – Auch das nicht. – Und so erwäge überhaupt von allen Empfindungen, ob es dich irgend eine Empfindung anderer Empfindungen und ihrer selbst zu geben dünkt, die aber von dem allen was andere Empfindungen empfinden nicht empfindet? – Mich dünkt nicht. – Aber glaubst du etwa es gebe ein Verlangen, welches nicht ein Verlangen nach irgend einer Lust ist, sondern nach sich selbst und anderem Verlangen? – Nicht wohl. – Auch wohl kein Wollen denke ich, welches nicht irgend ein Gut will, sondern sich selbst und das andere Wollen will. – Freilich nicht. – Oder möchtest du behaupten es gäbe eine solche Liebe, welche keine Liebe irgend eines Schönen ist, sondern nur ihrer selbst und anderer Liebe? – Ich, sagte er, nicht. – Oder hast du schon eine Furcht bemerkt, die nur sich selbst und andere Furcht fürchtet, Furchtbares aber nicht fürchtet? – Nichts dergleichen, sagte er. – Aber eine Vorstellung von sich selbst und anderen Vorstellungen, die aber von dem was andere Vorstellungen vorstellen nicht vorstellt? – Niemals. – Eine solche Erkenntnis aber, wie es scheint, wollen wir behaupten, daß es gebe, welche keines erkennbaren Gegenstandes Erkenntnis ist, sondern nur ihrer selbst und der andern Erkenntnisse Erkenntnis?

Charmides, 167a-168b

Gerechtigkeit und Besonnenheit bewirken Glückseligkeit

Es muß, wie es scheint, wer glückselig sein will, die Besonnenheit suchen und üben, die Zügellosigkeit aber fliehen, jeder so weit und schnell er kann; und so dieses vor allen Dingen zu erlangen suchen, daß er keiner Züchtigung bedürfe, bedürfte er ihrer aber entweder selbst oder einer von seinen Angehörigen, sei es ein einzelner oder der Staat, dann Strafe auflegen und züchtigen, wenn er glückselig sein will. Dies dünkt mich das Ziel zu sein, auf welches man hinsehen muß bei Führung des Lebens, und alles in eignen und gemeinschaftlichen Angelegenheiten darauf hinlenkend so verrichten, daß immer Gerechtigkeit und Besonnenheit dem gegenwärtig bleibe, der glückselig werden will; nicht aber so, daß man die Begierden zügellos werden lasse, und im Bestreben sie zu befriedigen, ein überschwengliches Übel, das Leben eines Räubers lebe. Denn weder mit einem andern Menschen kann ein solcher befreundet sein noch mit Gott; denn er kann in keiner Gemeinschaft stehen, wo aber keine Gemeinschaft ist, da kann auch keine Freundschaft sein. Die Weisen aber behaupten, daß auch Himmel und Erde, Götter und Menschen nur durch Gemeinschaft bestehen bleiben und durch Freundschaft und Schicklichkeit und Besonnenheit und Gerechtigkeit, und betrachten deshalb, o Freund, die Welt als ein Ganzes und Geordnetes, nicht als Verwirrung und Zügellosigkeit.

Gorgias, 507 d-508 a

Gerechtigkeit und Frömmigkeit

Darauf sprach ich [Sokrates]: Also ist keiner von den andern Teilen der Tugend wie die Erkenntnis, oder wie die Gerechtigkeit, oder wie die Besonnenheit, oder wie die Frömmigkeit? – Nein, sagte er. – Wohlan also, sprach ich, laß uns zusammen sehen, welcherlei doch jedes von ihnen ist. Zuerst so. Ist die Gerechtigkeit etwas Bestimmtes, oder ist sie nicht etwas Bestimmtes? Mir scheint sie so etwas zu sein, wie denn dir? – Auch mir, sagte er. – Wie nun? wenn einer mich und dich fragte: Sagt mir doch, Protagoras und Sokrates, dieses was ihr jetzt eben genannt habt, die Gerechtigkeit, ist sie eben dieses, gerecht oder ungerecht? würde ich ihm freilich antworten, gerecht; du aber, was für eine Stimme würdest du geben, dieselbe mit mir oder eine andere? – Dieselbe, sagte er. – Die Gerechtigkeit also ist eben das wie gerecht sein, würde ich sagen dem Fragenden zur Antwort. Du auch? – Ja, sagte er. – Wenn er uns nun nach diesem fragte: Sagt ihr nicht auch, daß es eine Frömmigkeit gibt? würden wir es doch bejahen, glaube ich? – Freilich, sagte er. – Sagt ihr auch, daß diese etwas Bestimmtes ist? sollen wir es zugeben oder nicht? – Auch dies bejahte er. – Sagt ihr nun, daß diese von Natur eben das ist wie gottlos sein oder fromm? Ich, sprach ich, würde unwillig werden über die Frage und sagen: Rede nicht dergleichen, lieber Mensch! wie wollte denn irgend etwas anderes fromm sein, wenn die Frömmigkeit selbst nicht fromm wäre! Und wie du? würdest du nicht so antworten? – Allerdings, sagte er. – Wenn er nun hierauf spräche fragend: Wie habt ihr doch vor kurzem gesagt? habe ich euch etwa nicht recht vernommen? Mich dünkt, ihr sagtet, die Teile der Tugend verhielten sich so gegen einander, daß keiner von ihnen wäre wie der andere? so würde ich ihm sagen: Übrigens hast du wohl recht gehört, daß du aber glaubst ich hätte dieses auch gesagt, das hast du verhört. Denn, Protagoras hier hat dies geantwortet, ich habe nur gefragt. Wenn er nun fragte: Spricht dieser wahr, Protagoras? Du also sagst, kein Teil der Tugend sei wie der andere? Deine Rede ist dies? Was würdest du ihm antworten? – Natürlich, sagte er, mich dazu bekennen. – Was also, Protagoras, werden wir, dieses eingestanden, ihm antworten, wenn er uns weiter fragt: Also ist die Frömmigkeit nicht wie gerecht sein, und die Gerechtigkeit nicht wie fromm, sondern wie nicht fromm und die Frömmigkeit wie nicht gerecht, also ungerecht und jene gottlos? Was werden wir ihm antworten? Ich meines Teils für mich wenigstens würde sagen, daß die Gerechtigkeit allerdings fromm sei und die Frömmigkeit gerecht; und auch für dich, wenn du es mir zuließest, würde ich das nämliche antworten, daß die Gerechtigkeit entweder dasselbe ist mit der Frömmigkeit oder ihr doch so ähnlich, als nur irgend möglich, und also auf alle Weise die Gerechtigkeit wie die Frömmigkeit, und die Frömmigkeit wie die Gerechtigkeit. Sieh also zu, ob du mir verbietest so zu antworten oder ob es dich eben so dünkt? – Keinesweges, sprach er, dünkt mich dieses unbedingt so zu sein, daß man zugeben müsse, die Gerechtigkeit sei Frommes und die Frömmigkeit Gerechtes, sondern mich dünkt wohl noch etwas Verschiedenes darin zu sein. Doch was liegt daran, sprach er? Wenn du willst soll uns auch die Gerechtigkeit fromm und auch die Frömmigkeit gerecht sein. – Das ja nicht! sagte ich. Ich begehre gar nicht, daß ein solches Wenn du willst und Wie du meinst untersucht werde, sondern Ich und Du. Das Ich und Du sage ich aber in der Meinung, der Satz selbst werde am besten geprüft werden, wenn man dieses Wenn ganz herausläßt. – Aber doch, sprach er, ist ja die Gerechtigkeit der Frömmigkeit ähnlich; denn auch jedes Ding ist jedem Dinge gewissermaßen ähnlich. Sogar ist auf eine Art das Weiße dem Schwarzen ähnlich und das Harte dem Weichen, und was sonst einander am meisten entgegengesetzt zu sein scheint, und auch das, wovon wir vorher sagten, jedes habe eine eigene Verrichtung und eines sei nicht wie das andere, die Teile des Gesichtes sind einander doch auch gewissermaßen ähnlich und eins ist wie das andere, so daß du auf diese Art auch das beweisen könntest, wenn du wolltest, daß alles einander ähnlich ist.

Protagoras, 330 a-331 e

Weisheit, Besonnenheit und Gerechtigkeit

Du nennst doch etwas Unsinnigkeit? [fragt Sokrates] – Er sagte ja. – Ist nicht davon ganz das Gegenteil die Weisheit? – Mich dünkt es so, sagte er. – Und wenn die Menschen richtig und wie es heilsam ist handeln, scheint sie dir dann besonnen zu sein, wenn sie so handeln, oder wenn entgegengesetzt? – Alsdann sind sie besonnen, sagte er. – Nicht wahr durch die Besonnenheit sind sie besonnen? – Natürlich. – Und nicht wahr, die nicht richtig Handelnden handeln unsinnig und sind nicht besonnen, indem sie so handeln? – Das dünkt mich eben so, sagte er. – Das Gegenteil ist also das unsinnig handeln vom Besonnenen? – Er gab es zu. – Nicht wahr, was unsinnig getan wird, wird durch Unsinnigkeit, und was besonnen durch Besonnenheit getan. – Das räumte er ein. – Nicht wahr, wenn etwas mit Stärke getan wird, das wird stark getan, und wenn mit Schwäche schwach? – So schien es ihm. – Und was mit Schnelligkeit schnell, was mit Langsamkeit langsam. – Er bejahete. – Und also wenn etwas eben so getan wird, wird es auch von demselben getan, wenn aber entgegengesetzt, dann auch von dem entgegengesetzten. – Er stimmte bei. – Wohlan, sagte ich, gibt es etwas Schönes? – Er räumte es ein. – Und ist diesem noch irgend etwas entgegengesetzt außer dem Häßlichen? – Nichts weiter. – Und wie? gibt es etwas Gutes? – Es gibt. – Ist diesem etwas entgegengesetzt außer dem Bösen? – Nichts weiter. – Und wie? gibt es etwas Hohes in der Stimme? – Er bejahete es. – Ist diesem nichts anders entgegengesetzt außer dem Tiefen? – Nein, sagte er. – Also, sprach ich, jedem einzelnen von diesen entgegengesetzten ist auch nur eins entgegengesetzt und nicht viele? – Dazu bekannte er sich. – Komm denn, sprach ich, laß uns zusammenrechnen, was wir eingestanden. Haben wir eingestanden, daß einem nur eins entgegengesetzt ist, mehreres aber nicht? – Das haben wir eingestanden. – Und daß, was auf entgegengesetzte Art getan wird, auch durch Entgegengesetztes getan wird? – Er bejahete. – Und haben wir eingestanden, daß, was unsinnig getan wird, auf entgegengesetzte Art getan wird, als was besonnen? – Er bejahete es. – Und daß, was besonnen getan wird, durch Besonnenheit verrichtet wird, was aber unsinnig, durch Unsinnigkeit? – Er räumte es ein. – Also da es auf entgegengesetzte Art getan wird, muß es auch durch Entgegengesetztes verrichtet werden? – Ja. – Es wird aber das eine durch Besonnenheit und das andere durch Unsinnigkeit verrichtet? – Ja. – Auf entgegengesetzte Art? – Freilich. – Also auch durch Entgegengesetztes? – Ja. – Entgegengesetzt also ist die Unsinnigkeit der Besonnenheit? – Das ist klar. – Erinnerst du dich wohl, daß im vorigen von uns eingestanden war, die Unsinnigkeit sei der Weisheit entgegengesetzt? – Das gestand er. – Und daß einem nur eins entgegengesetzt sei? – Das behaupte ich. – Welche von unsern beiden Behauptungen wollen wir nun aufgeben, Protagoras? Die, daß einem nur eins entgegengesetzt ist, oder jene, als wir sagten, die Besonnenheit wäre etwas anderes als die Weisheit? und beide wären Teile der Tugend? und außerdem, daß jede etwas anderes wäre, wären sie auch einander unähnlich, sie selbst und ihre Verrichtungen, wie die Teile des Gesichts? Welche von beiden wollen wir nun aufgeben? Denn zugleich können diese beiden Behauptungen nicht sehr musikalisch vorgetragen werden, denn sie stimmen nicht und klingen nicht zusammen. Wie können sie auch zusammen klingen, wenn notwendig eins nur einem entgegengesetzt ist, mehreren aber nicht, der Unsinnigkeit aber, welche eins ist, sich sowohl die Weisheit als die Besonnenheit entgegengesetzt zeigt? Ist es so, Protagoras, fragte ich, oder anders wie? – Er gestand es sehr ungern. – So wären diese also wohl eins, die Besonnenheit und die Weisheit? Vorher aber zeigten sich uns die Gerechtigkeit und die Frömmigkeit fast als dasselbe? Komm also, sprach ich, Protagoras, laß uns nicht müde werden, sondern nun das übrige auch noch durchnehmen. Scheint dir ein Mensch, welcher Unrecht tut, wohl darin besonnen zu sein, daß er Unrecht tut? – Ich würde mich ja schämen, o Sokrates, sagte er, dieses zuzugeben, obgleich die meisten Menschen es wohl sagen. – Soll ich also an jene meine Rede richten, oder an dich? – Wenn du willst, sagte er, so rede zuerst gegen jenen Satz der meisten. – Gut, sprach ich, mir verschlägt es nichts, wenn du nur antwortest, ob übrigens du selbst dieses annimmst oder nicht. Denn ich will eigentlich nur den Satz prüfen, aber es ereignet sich dann wohl, daß dabei auch ich der Fragende und der Antwortende geprüft werden. – Zuerst nun zierte sich Protagoras und klagte, es wäre ein gar beschwerlicher Satz; endlich aber bequemte er sich doch zu antworten. – Komm also, sprach ich, antworte mir von Anfang an. Dünken dich einige Menschen, indem sie Unrecht tun, besonnen zu sein? – Es soll so sein, sagte er. – Unter dem Besonnensein aber meinst du, daß sie sich wohl besinnen? – Er bejahete es. –

Und sich recht besinnen heißt, daß sie sich wohl beraten in dem, was sie Unrecht tun? – Das soll gelten, sagte er. – Ob wohl, fragte ich, wenn sie sich wohl befinden beim Unrechttun, oder wenn übel? – Wenn sie sich wohl befinden. – Nimmst du nun an, daß einiges gut ist? – Das sage ich. – Ist etwa, sprach ich, dasjenige gut, was den Menschen nützlich ist? – Ja auch, beim Zeus, sagte er, manches was den Menschen nicht nützlich ist, nenne ich wenigstens doch gut. – Und mich dünkte Protagoras schon ganz verdrießlich zu sein, und sich zu ängstigen und zu sträuben gegen das Antworten; und da ich ihn in dieser Verfassung sah, nahm ich mich in acht und fragte nur ganz bedächtig weiter. Meinst du nur, sprach ich, was keinem Menschen nützlich ist, oder auch was ganz und gar nicht nützlich ist, und nennst du auch solche Dinge gut? – Keineswegs, sagte er, aber ich kenne sehr viele Dinge, welche zwar dem Menschen völlig unnütz sind, Speisen, Getränke, Arzeneien und sonst tausenderlei; andere sind ihm nützlich; wiederum andere sind dem Menschen zwar keines von beiden, wohl aber den Pferden, andere wieder nur den Ochsen, andere den Hunden, noch andere keinem von allen diesen, wohl aber den Bäumen; ja einiges ist wiederum für die Wurzeln der Bäume gut, für die Zweige aber schädlich, wie zum Beispiel der Mist um die Wurzeln gelegt allen Pflanzen heilsam ist, wolltest du ihn aber auf die Triebe oder auf die jungen Zweige legen, so würde alles verderben. So ist auch das Öl allen Pflanzen sehr schädlich, und auch den Haaren der anderen Tiere sehr verderblich, nur denen des Menschen nicht, denn diesen ist es zum Wachstum beförderlich und so auch seinem übrigen Körper. Und so schillert das Gute und verwandelt sich immer wieder, daß auch dieses hier für die äußeren Teile des Körpers zwar sehr gut ist, dasselbige aber den inneren sehr übel. Daher verbieten auch alle Ärzte den Kranken das Öl, bis auf etwas weniges an dem was sie genießen, nur so viel eben hinreicht, um das Widrige zu dämpfen, was verschiedene Speisen sonst für die Empfindungen, die wir durch die Geruchswerkzeuge bekommen, an sich haben würden.

Protagoras, 332 a-334 c

Die Tapferkeit

Tapferkeit ist von allen Tugenden gar sehr unterschieden. Daß ich [Protagoras] aber richtig rede kannst du hieraus erkennen. Du wirst nämlich viele Menschen finden, welche sehr ungerecht sind und sehr ruchlos, sehr unbändig und sehr unverständig, tapfer aber ganz ausgezeichnet. – Halt doch, sagte ich [Sokrates], denn was du da sagst ist wohl wert, daß wir es betrachten. Nennst du die Tapfern dreist oder etwas anderes? – Und auch keck zufahrend worauf die meisten sich fürchten zu gehen. – So komm denn! sagst du, die Tugend sei etwas Schönes? und als in etwas Schönem erbietest du dich in ihr zum Lehrer? – Und zwar das Schönste allerdings, sagte er, wenn ich anders nicht von Sinnen bin. – Ob etwa, sprach ich, einiges an ihr schlecht ist und anderes schön? oder alles schön? – Alles durchaus schön so sehr als immer möglich. – Weißt du auch wohl, welche dreist ins Wasser springen? – O ja, die Schwimmer. – Weil sie es verstehen, oder aus einer andern Ursach? – Weil sie es verstehen. – Und wer ficht im Kriege dreist zu Pferde? die Reiter oder die Unberittenen? – Die Reiter. – Und wer mit kurzen Schilden? die Leichtbewaffneten oder andere? – Jene, sagte er, und überhaupt sind auch in allen andern Dingen, wenn du darauf hinaus willst, die Kundigen dreister als die Unkundigen, und nachdem sie es gelernt haben, dreister als sie selbst waren, ehe sie es gelernt hatten. – Hast du auch schon solche gesehen, fragte ich, die aller dieser Dinge unkundig waren, und doch zu allem dreist? – O ja, sagte er, und sehr dreist. – Sind wohl diese Dreisten auch tapfer? – Dann wäre ja, sagte er, die Tapferkeit etwas sehr Schlechtes, denn diese sind toll. – Was sagst du denn von den Tapfern? sprach ich, nicht daß sie die Dreisten sind? – Auch jetzt noch, sagte er. – Also diese, sprach ich, die auf solche Art dreist sind, scheinen nicht tapfer zu sein, sondern toll? Und vorher dort, waren welche die Weisesten auch die Dreistesten, und wenn die Dreistesten, auch die Tapfersten? Und so wäre ja nach dieser Rede die Weisheit die Tapferkeit? – Nicht richtig, sagte er, trägst du vor, o Sokrates, was ich gesagt und dir geantwortet habe. Gefragt von dir, ob die Tapfern dreist wären, habe ich dies bejaht, ob aber die Dreisten auch tapfer sind, das wurde ich gar nicht gefragt. Denn wenn du mich das gefragt hättest, würde ich gesagt haben, nicht alle. Daß aber die Tapfern nicht dreist wären, und ich diese meine Behauptung mit Unrecht behauptet hätte, hast du nirgends erwiesen. Hernach zeigst du von den einer Sache Kundigen, daß sie dreister darin sind, als sie selbst vorher waren, und so auch dreister als andere Unkundige, und deshalb, meinst du nun, sei Weisheit und Tapferkeit dasselbe. Wenn du es so herumholen willst, kannst du auch glauben, Stärke sei Weisheit. Denn zuerst, wenn du mich mit einer solchen Wendung fragtest, ob nicht die Starken kraftvoll sind, so würde ich ja sagen, und dann, ob nicht die des Fechtens Kundigen kraftvoller sind als die Unkundigen, und auch nachdem sie es gelernt, kraftvoller als sie selbst waren, ehe sie es lernten, so würde ich es ebenfalls bejahen. Nachdem ich nun dieses zugegeben, könntest du dann eben diesen Beweis anwendend sagen, daß nach meinem Geständnis Weisheit Stärke wäre. Aber ich gebe ja keineswegs weder in diesem Falle zu, daß die Kraftvollen stark, jedoch daß die Starken kraftvoll sind, nämlich nicht, daß Kraft und Stärke einerlei ist; denn jene, die Kraft, entsteht auch aus Kenntnis, ja auch aus Wahnsinn oder aus Gemütsbewegung, die Stärke aber aus der guten Natur und der Wohlgenährtheit des Körpers. Noch auch in unserm Falle, daß Dreistigkeit und Tapferkeit einerlei ist, so daß zwar folgt die Tapfern sind dreist, jedoch nicht, daß die Dreisten auch alle tapfer sind. Denn Dreistigkeit entsteht dem Menschen auch aus Kunst oder aus Tollheit oder aus Gemütsbewegung, wie die Kraft; die Tapferkeit aber entsteht aus der Gutartigkeit und Wohlgenährtheit der Seele.

Protagoras, 349 d-351 b

Die Feigheit

Tapferkeit unterscheide sich gar sehr von den übrigen Tugenden, und erkennen, sprach Protagoras, könnte ich dies hieraus: Du wirst nämlich Menschen finden, Sokrates, die sehr ruchlos sind und sehr ungerecht, und sehr unbändig und unverständig, tapfer aber ganz ausgezeichnet, woraus du denn schließen kannst, daß die Tapferkeit von den übrigen Teilen der Tugend sehr weit unterschieden ist. Und ich verwunderte mich gleich damals höchlich über diese Antwort, noch mehr aber hernach, seitdem ich dieses mit euch abgehandelt habe. Ich fragte ihn also, ob er sagte, die Tapfern wären dreist, und er sagte: Und auch keck zufahrend. Erinnerst du dich, sprach ich, Protagoras, daß du dies geantwortet hast? Er gestand es ein. So komm denn, sprach ich, und sage uns, worauf meinst du denn, daß die Tapfern so keck zufahren? etwa auf das nämliche worauf auch die Feigen? – Nein, sagte er. – Also auf etwas anderes? – Ja, sagte er. – Gehen etwa die Feigen auf das Unbedenkliche los, die Tapferen aber auf das Furchtbare? – So sagen die Leute, Sokrates, antwortete er. – Schon recht, sprach ich, aber darnach frage ich nicht, sondern du, worauf du sagst, daß die Tapfern keck zufahren, ob sie auf das Furchtbare zufahren, indem sie es selbst für furchtbar halten, oder auf das nicht Furchtbare? – Aber dies, sagte er, ist ja in dem, was du gesprochen, soeben als unmöglich erwiesen worden. – Auch darin hast du ganz recht, sagte ich; so daß, wenn dieses richtig erwiesen ist, niemand dem nachgeht, was er für furchtbar hält, da ja das sich selbst nicht beherrschen können als ein Unverstand erfunden wurde. – Das gab er zu. – Aber auf das, wozu man guten Mut hat, geht wieder ein jeder los, die Feigen wie die Tapferen, und auf diese Art gehen also beide auf dasselbe los, die Feigen und die Tapferen. – Aber dennoch, sagte er, sind das ganz entgegengesetzte Dinge, Sokrates, worauf die Feigen und worauf die Tapferen losgehen. Gleich zum Beispiel in den Krieg wollen die einen sehr leicht gehn, die anderen wollen nicht. – Indem es, sagte ich, schön ist hinzugehen oder schlecht? – Schön, sagte er. – Wenn also schön, sprach ich, dann auch gut, haben wir schon vorher eingestanden; denn wir gestanden, daß alle schönen Handlungen auch gut wären. – Das ist richtig, und immer habe auch ich so gedacht. – Sehr wohl, sprach ich. Aber welche von beiden, behauptest du, wollen nicht zu Felde gehen, wenn es schön und gut ist? – Die Feigen, sagte er. – Und, sprach ich, wenn es schön und gut ist, wird es auch angenehm sein? – Das ist wenigstens eingeräumt worden, sagte er. – Wissentlich also wollen die Feigen doch nicht hingehen nach dem Schöneren, Besseren und Angenehmeren? – Aber auch hierdurch, wenn wir es eingeständen, sagte er, zerstörten wir unsere vorigen Eingeständnisse. – Und wie der Tapfere, fragte ich, geht der nicht nach dem Schöneren, Besseren und Angenehmeren? – Notwendig, sagte er, ist dies anzunehmen. – Also überhaupt, wenn die Tapfern sich fürchten, ist das keine schlechte Furcht, und wenn sie dreist sind, ist das keine schlechte Dreistigkeit? – Ganz recht, sagte er. – Und wenn nicht schlecht, ist dann beides nicht schön? – Das gab er zu. – Und wenn schön auch gut? – Ja. – Werden also nicht im Gegenteil die Feigen und Verwegenen und Tollkühnen sich mit einer schlechten Furcht fürchten, und mit einer schlechten Dreistigkeit dreist sein? – Das gab er zu. – Und können sie wohl zu dem Schlechten und Bösen aus einer andern Ursach dreist sein als aus Unkenntnis und Unverstand? – So muß es sich verhalten, sagte er. – Und wie? dasjenige, wodurch die Feigen feig sind, nennst du das Feigheit oder Tapferkeit? – Feigheit, versteht sich, sagte er. – Und haben wir nicht gesehen, daß sie eben durch die Unkenntnis dessen, was furchtbar ist, feige sind? – Allerdings, sprach er. – Also durch diese Unkenntnis sind sie feige? – Er gab es zu. – Und wodurch sie feige sind, das räumst du ein, ist die Feigheit? – Er sagte ja. – Also wäre ja wohl die Unkenntnis dessen, was furchtbar ist, und was nicht, die Feigheit? – Er winkte zu. – Aber der Feigheit, sagte ich, ist doch die Tapferkeit entgegengesetzt? – Er bejahete es. – Ist nun nicht die Kenntnis von dem, was furchtbar ist und was nicht, der Unkenntnis darin entgegengesetzt? – Auch hier winkte er noch zu. – Und die Unkenntnis davon war die Feigheit? – Hier winkte er nur mit großer Mühe noch zu. – So ist demnach die Weisheit in dem, was furchtbar ist, und was nicht die Tapferkeit, weil sie der Unkenntnis davon entgegengesetzt ist. – Darauf wollte er mir nun nicht einmal mehr zuwinken, und schwieg ganz still. – So Protagoras? sprach ich. Du bejahst weder noch verneinest, was ich dich frage? – Bringe es nur allein zu Ende, sagte er. – Nur eins, sprach ich, will ich dich noch fragen, ob dich auch jetzt noch, wie vorher, einige Menschen sehr unverständig dünken, zugleich aber ausgezeichnet tapfer? – Du scheinst, sagte er, etwas Besonderes darein zu setzen, Sokrates, daß ich dir antworten soll. So will ich dir denn gefällig sein, und sagen, daß nach dem, was wir miteinander festgestellt haben, dieses unmöglich zu sein scheint.

Protagoras, 359 b-360 e

Rettung vor dem Tod allein bedeutet nicht viel; Selbsterhaltung ist keine Tugend

Schwimmen rettet die Menschen vom Tode, wenn sie in solche Umstände geraten sind, wobei es dieser Kunst bedarf. Dünkt dich nun diese doch geringfügig, so will ich [Sokrates] dir eine größere als sie nennen, die Kunst der Schiffahrt, welche nicht nur das Leben, sondern auch Leib und Vermögen zugleich aus den äußersten Gefahren rettet, eben wie die Redekunst. Und diese hält sich doch sehr zurückgezogen und sittsam, und macht gar nicht große Ansprüche in ihrem ganzen Betragen, als ob sie etwas Außerordentliches leistete. Sondern hat sie dasselbe geleistet, was die gerichtliche Verteidigung: so will sie doch, wenn sie einem aus Ägina glücklich hierher geholfen hat, glaube ich, zwei Obolen verdient haben, wenn aber aus Ägypten oder dem Pontos, wird sie für diese große Wohltat, nachdem sie einen mit Weib und Kind und Habe erhalten und in den Hafen gebracht hat, aufs höchste zwei Drachmen fordern, und er selbst, der diese Kunst besitzt und dies geleistet hat, steigt aus und geht am Ufer auf und ab neben seinem Schiffe gar bescheidenen Ansehns. Er weiß nämlich, so denke ich, zu berechnen, daß ihm unbewußt ist, welchen der Schiffsgesellschaft er wirklich Nutzen gestiftet hat, indem er sie nicht ertrinken ließ, und welchen vielleicht Schaden, da er ja weiß, daß er sie um nichts besser ausgesetzt hat als sie eingestiegen waren, weder dem Leibe noch der Seele nach. Er berechnet also, daß doch unmöglich, wenn ein mit großen und unheilbaren Leibesübeln

Bestrafter nicht ertrank, ein solcher zwar elend daran ist, daß er den Tod nicht gefunden hat, und diesem also gar kein Vorteil geschafft ist durch ihn, wer aber mit großen und unheilbaren Übeln an der Seele, die soviel mehr als der Leib wert ist, behaftet ist, dem gut sein könne, fort zu leben, und er ihm einen Nutzen verschafft habe, wenn er ihn, gleichviel ob aus der See oder vor Gericht oder wo nur sonst irgendher errettet habe; sondern er weiß, daß es für einen solchen elenden Menschen gar nicht besser ist zu leben, weil er eben schlecht leben muß. Darum ist es auch nicht hergebracht, daß der Schiffer groß tut, ob er uns gleich beim Leben erhält. Und ebensowenig ja der Kriegsbaumeister, du Wunderlicher, der die Befestigungen besorgt, wiewohl er bisweilen kein geringerer Helfer ist, als sogar der Heerführer, geschweige denn als der Schiffer, und als sonst irgendeiner; denn er rettet ja wohl bisweilen ganze Städte. Meinst du nicht, der könnte sich ja wohl mit dem Sachwalter gleichstellen? Und freilich, Kallikles, wenn er reden wollte wie ihr, und die Sache herausstreichen, er würde euch ganz verschütten unter seinen Reden und Ermahnungen, daß ihr solltet Kriegsbaumeister werden, und daß alles andere nichts wäre. Zu sagen hätte er genug. Aber du achtest ihn dennoch gering samt seiner Kunst, ja ordentlich zum Schimpf könntest du ihn den Kriegsbaumeister nennen, und würdest weder seinem Sohn deine Tochter zur Ehe geben, noch die seinige für deinen nehmen wollen. Und doch nach dem, weshalb du dein Geschäft lobst, mit welchem Rechte kannst du ihn und die übrigen, die ich erwähnt, gering achten? Ich weiß, du wirst sagen, du wärest ein Besserer, und von Besseren her. Allein wenn das Bessere nicht das sein soll, was ich so nenne, sondern eben dies die Tugend ist, nur sich selbst und das Seinige zu erhalten, wie einer auch sonst sein möge: so wird deine Verachtung lächerlich, gegen den Kriegsbaumeister und den Arzt und alle die andern Künste, welche der Erhaltung wegen ersonnen sind. Also Bester, sieh zu, ob nicht das Edle und Gute etwas ganz anderes ist, als das Erhalten und Erhaltenwerden, und ob nicht ein Mann, der es wahrhaft ist, eben dieses, nur zu leben so lange es irgend geht, muß dahingestellt sein lassen, und keinesweges am Leben hängen, sondern dieses Gott überlassend, und mit den Weibern glaubend, daß doch keiner seinem Schicksal entgeht, nur auf das Nächste sehen, auf welche Weise er während der Zeit, die er nun zu leben hat, am besten leben möge.

Gorgias, 511 d-513 a

Tugend ist nicht lehrbar

Wenn jemand in der Tugend gut werden will, in der die tüchtigen Köche gut sind, wie könnte er das werden?

Es ist klar, das wird er, wenn er sich in die Schule der guten Köche begibt.

Und weiter [fragt Sokrates]: Wenn er ein guter Arzt werden will, zu wem würde er gehen, um ein guter Arzt zu werden?

Klarerweise zu einem der guten Ärzte.

Und wenn er in der Tugend gut werden will, in der die tüchtigen Zimmerleute gut sind?

Zu den Zimmerleuten.

Wenn er nun aber in der Tugend gut werden will, in der es die guten und tüchtigen Männer sind, wohin muß er gehen, um zu lernen?

Ich denke, auch bei dieser Tugend, wenn sie wirklich lehrbar ist, zu den guten Männern. Denn wohin sonst?

Wohlan denn! Welche guten Männer sind bei uns aufgetreten? – damit wir untersuchen, ob sie es sind, die die guten Männer formen.

Thukydides und Themistokles und Aristeides und Perikles [verdiente Staatsmänner].

Wissen wir also für jeden von ihnen einen Lehrer?

Wir wissen keinen; denn es wird kein Name genannt.

Aber können wir einen Schüler angeben, einen Fremden oder einen unserer Bürger oder sonst jemanden, einen Freien oder einen Sklaven, der mit Grund erklären kann, er sei durch deren Umgang tüchtig und gut geworden?

Auch davon wird nichts berichtet.

Aber haben sie denn den anderen Menschen die Tugend etwa aus Mißgunst nicht weitergegeben?

Vielleicht.

Damit ihnen etwa keine Rivalen erwüchsen, gerade so wie die Köche, Ärzte und Zimmerleute untereinander mißgünstig sind? Denn daß viele Rivalen entstehen und unter vielen Leuten leben, die ihnen ähnlich sind, liegt nicht in ihrem Interesse. Liegt es also ebenso auch nicht im Interesse der guten Männer, unter Leuten zu leben, die ihnen ähnlich sind?

Das könnte sein.

Aber sind die guten Männer nicht zugleich auch die gerechten?

Das sind sie.

Gibt es also jemanden, in dessen Interesse es liegt, nicht unter guten Männern zu leben, sondern unter schlechten?

Dazu weiß ich nichts zu sagen.

Weißt du also noch nicht einmal dies zu sagen, ob es Sache der Guten ist zu schaden, und Sache der Schlechten zu nutzen, oder ob das Gegenteil gilt?

Das Gegenteil.

Also nutzen die Guten und schaden die Schlechten?

Ja.

Gibt es nun jemanden, der lieber schaden will als nutzen?

Freilich nicht.

Niemand also will lieber unter schlechten Leuten wohnen als unter guten.

So ist es.

Kein guter Mann nimmt also aus Mißgunst davon Abstand, einen anderen gut und sich selbst ähnlich zu machen.

So scheint es also zu sein, wenigstens aufgrund deiner Ausführungen.

Peri Aretes, 376a-377a

Tugendhaft ist man auch nicht von Natur aus

Wenn Tugend nun nicht gelehrt werden kann, entstehen die Guten dann von Natur aus? Indem wir auch das auf die folgende Weise irgendwie untersuchen, können wir es vielleicht herausfinden. Wohlan denn! Haben wir gute Pferdenaturen? [Sokrates fragt]

Die gibt es.

Gibt es nun nicht einige Menschen, die im Besitz einer Kunst sind, durch die sie die guten Pferdenaturen erkennen, sowohl was die Konstitution des Körpers im Hinblick auf das Rennen betrifft als auch was die Seele angeht, welche Pferde Temperament haben und welche nicht?

Ja.

Welches ist nun diese Kunst? Wie lautet ihr Name?

Die Reitkunst.

Und gibt es nicht für die Hunde genauso eine Kunst, durch die man die guten und die schlechten Hundenaturen unterscheidet?

Die gibt es.

Welche Kunst ist das?

Die Jägerei.

Aber auch für das Gold und das Silber haben wir Prüfer, die es anschauen und entscheiden, was von besserer und was von schlechterer Qualität ist?

Die haben wir.

Wie nennst du diese Leute?

Geldbegutachter.

Aber auch die Turnlehrer werfen prüfende Blicke auf

die körperliche Natur der Menschen und erkennen dann, welche für jede Art von Strapazen brauchbar sind und welche nicht, und wenn es um ältere und jüngere Leute geht, von welchen Körpern zu erwarten steht, daß sie einigen Wert haben werden, und welche zu der Hoffnung berechtigen, daß sie all die Aufgaben, die ein Körper hat, in ausgezeichneter Weise erfüllen werden.

So ist es.

Was ist nun wichtiger für die Städte, gute Pferde, gute Hunde und anderes dergleichen, oder gute Männer?

Gute Männer.

Was also! Glaubst du, daß, wenn es in bezug auf die Tugend bei den Menschen gute Naturen gäbe, die Menschen nicht alle Mittel eingesetzt hätten, um diese Naturen zu identifizieren?

Höchstwahrscheinlich.

Weißt du also eine Kunst anzugeben, die bei den guten Männernaturen dazu ausersehen ist, sie beurteilen zu können?

Ich weiß keine.

Und doch wäre sie ebenso von höchstem Wert wie diejenigen, die sie besitzen. Denn wenn diese uns von den jungen Leuten diejenigen bezeichnen würden, die gut zu werden versprechen, dann würden wir diese schon von Kindheit an nehmen und auf der Akropolis in öffentlicher Obhut beschützen, wie den Staatsschatz und sogar noch mehr, damit sie uns keinerlei Schaden nähmen, weder in einer Schlacht noch in irgendeiner anderen Gefahr, sondern für die Stadt aufbewahrt würden und ihr, wenn sie das entsprechende Alter erreicht hätten, als Retter und Wohltäter dienen könnten. Aber in Wirklichkeit scheint sich die Tugend bei den Menschen weder von Natur aus noch aufgrund eines Lernprozesses einzustellen.

Peri Aretes, 378 c-379 b

Tugend kommt einem durch göttliches Geschick zu

Auf welche andere Weise könnten gute Menschen entstehen? Ich [Sokrates] denke, daß dies nicht leicht aufzuklären ist, vermute allerdings, daß es sich wohl um ein göttliches Geschenk handelt und die Guten so zu dem werden, was sie sind, wie die herausragenden von den Sehern und wie die Orakeldeuter. Diese kommen dazu nämlich weder von Natur aus noch durch eine Kunst; vielmehr durch eine von den Göttern herrührende Begeisterung werden sie das, was sie sind. Ebenso sagen auch die guten Männer aufgrund einer göttlichen Begeisterung den Städten jedesmal weitaus besser und deutlicher als die Wahrsager, was sich ereignen und was eintreten wird. Ungefähr so drücken sich auch die Frauen aus, daß so jemand ein göttlicher Mann sei, und die Lakedämonier sagen, wenn sie jemanden großartig loben, er sei ein göttlicher Mann. Denselben Ausdruck benutzen an vielen Stellen auch Homer und die anderen Dichter. Und wenn Gott will, daß eine Stadt gut handelt, formt er in ihr gute Männer; wenn eine Stadt sich dagegen anschickt, schlecht zu handeln, nimmt Gott die guten Männer aus dieser Stadt heraus. Somit scheint die Tugend weder lehrbar zu sein noch von Natur aus da zu sein; vielmehr kommt sie zu denen, die ihrer teilhaftig werden, durch ein göttliches Geschick.

Peri Aretes, 379 c-379 d

Über Lust, Vergnügtsein, Gutes und die Macht der Erkenntnis

Einige Menschen leben gut und andere schlecht? [fragt Sokrates] – Ja. – Dünkt dich nun wohl ein Mensch gut zu leben, wenn er gequält und gepeinigt lebt? – Nein. – Wie aber, wenn er nach einem vergnügten Leben seinen Lauf beschließt, dünkt dich dieser nicht gut gelebt zu haben? – Dann wohl, sagte er. – Also vergnügt leben ist gut, unangenehm leben aber böse? – Wenn man nämlich, sagte er, am Schönen Vergnügen findend lebt. – Wie doch, Protagoras? Nennst auch du, wie die meisten, einiges Angenehme böse und Peinliches gut? Ich meine nämlich, inwiefern es angenehm ist, ob es insofern nicht gut ist; nicht wenn etwa anderes daraus entsteht? und auf der andern Seite wiederum das Peinliche, ob es nicht insofern peinlich auch böse ist? – Ich weiß nicht, Sokrates, sagte er, so unbedingt wie du fragst, ob ich antworten soll, daß alles Angenehme gut ist und das Peinliche böse. Vielmehr dünkt es mich nicht nur in Beziehung auf die gegenwärtige Antwort sicherer, sondern auch für mein ganzes übriges Leben, wenn ich antworte, daß es einiges gibt unter dem Angenehmen, was nicht gut, und wiederum unter dem Unangenehmen einiges, was nicht böse ist, anderes, was so ist, und drittens noch anderes, was keins von beiden ist, weder gut noch böse. – Angenehm aber, sprach ich, nennst du doch womit Lust verbunden ist, oder was Lust macht? – Allerdings, sagte er. – Dieses nun meine ich, ob es nicht inwiefern angenehm auch gut ist, nach der Lust selbst fragend, ob die nicht gut ist? – Darauf sagte er: Laß uns zusehn, Sokrates, wie du ja immer sagst, und wenn die Untersuchung zur Sache zu gehören scheint, und sich zeigt, daß das Gute und Angenehme einerlei ist, so wollen wir es einräumen, wo aber nicht, so wollen wir es dann schon bestreiten. – Willst nun, sprach ich, du die Untersuchung führen? oder soll ich sie führen? – Es ist billig, antwortete er, daß du sie führst, denn du leitest ja das Gespräch. – Vielleicht also, sagte ich, wird es uns auf diese Art offenbar werden. So wie nämlich jemand, der einen Menschen aus der Gestalt in Absicht auf seine Gesundheit oder sonst eine körperliche Beschaffenheit untersuchen sollte, wenn er nichts von ihm sähe als das Gesicht und die Hände, gewiß zu ihm sagen würde, komm her, entblöße mir auch die Brust und den Rücken, und zeige sie mir, damit ich dich genauer betrachten kann: so ungefähr vermisse auch ich etwas bei unserer Untersuchung, und möchte, nachdem ich gesehen, wie du über das Angenehme und Gute denkst, dir eben so sagen: Komm her, Protagoras! enthülle mir von deiner Gesinnung auch noch dieses, was du von der Erkenntnis hältst, ob du auch hierüber so denkst wie die meisten Menschen oder anders? Die meisten nämlich denken von der Erkenntnis so ungefähr, daß sie nichts stark Leitendes und Beherrschendes ist, und achten sie auch gar nicht als ein solches, sondern daß gar oft, wenn auch Erkenntnis im Menschen ist, sie ihn doch nicht beherrscht, sondern irgend sonst etwas, bald der Zorn, bald die Lust, bald die Unlust, manchmal die Liebe, oft auch die Furcht, so daß sie offenbar von der Erkenntnis denken wie von einem elenden Wicht, daß sie sich von allem andern herumzerren läßt. Dünkt nun dich so etwas von ihr, oder vielmehr, sie sei etwas Schönes, das wohl den Menschen regiere? und wenn einer Gutes und Böses erkannt habe, werde er von nichts anderem mehr gezwungen werden, irgend etwas anderes zu tun, als was seine Erkenntnis ihm befiehlt, sondern die richtige Einsicht sei stark genug dem Menschen durchzuhelfen? – So dünkt es mich, antwortete er, wie du jetzt sagst, Sokrates, und zudem wäre es, wenn für irgend einen andern, gewiß auch für mich unziemlich zu behaupten, daß Weisheit und Erkenntnis nicht das mächtigste wäre unter allem Menschlichen. – Wohl gesprochen von dir, sagte ich, und sehr wahr.

Protagoras, 351 c-352 d

Lust und Unlust

Wie erklärt man jemandem also das, was wir nannten, zu schwach sein gegen die Lust? so würde ich [Sokrates] zu ihnen sagen: Hört denn! Protagoras und ich, wir wollen versuchen es euch zu erklären. Ihr meint doch darunter nichts anderes, als was euch in solchen Dingen begegnet, wie daß ihr oft von Speise und Trank und Wollust als dem Angenehmen bezwungen, wiewohl ihr wißt, daß es schlecht ist, es dennoch tut? – Das würden sie bejahen. – Nicht wahr, dann würden wir sie wieder fragen, ich und du: Aber inwiefern sagt ihr, daß diese Dinge schlecht sind? etwa eben deshalb, weil sie diese Lust für den Augenblick gewähren, und also jedes für sich angenehm sind? oder weil sie in der folgenden Zeit Krankheit und Mangel herbeiführen, und viel anderes der Art bewirken? Oder sollten sie auch, wenn sie nichts dergleichen in der Folge bewirken, sondern nur Vergnügen machen, dennoch etwas Böses sein, weil sie, was einer auch treibe, ihn vergnügt machen und auf welche Art es auch sei? Sollen wir glauben, Protagoras, daß sie uns etwas anderes antworten werden, als diese Dinge wären nicht wegen der Lust, welche sie für den Augenblick gewähren, böse, sondern allerdings wegen der hernach entstehenden Krankheit und des übrigen? – Ich glaube, sagte Protagoras, daß die Leute so antworten werden. – Und was Krankheit bringt, bringt Unlust, was Armut bringt, bringt Unlust? Das würden sie zugeben, denke ich? – Protagoras war auch der Meinung. – Also scheinen euch, ihr Leute, wie ich und Protagoras behaupten, diese Dinge aus keiner andern Ursach böse zu sein, als weil sie selbst in Pein endigen und euch anderer Lust berauben? Das würden sie doch zugeben? So schien es uns beiden. Wenn wir sie nun auch nach dem Entgegengesetzten fragten: Ihr Leute, die ihr wiederum sagt, daß manches Peinliche gut ist, meint ihr damit nicht dergleichen wie die anstrengenden Leibesübungen, die Feldzüge, die Behandlungen der Ärzte mit Brennen und Schneiden, Arzneinehmen und Fasten, daß dergleichen gut ist, aber peinlich? so würden sie das bejahen? – So schien es ihm auch. – Ob ihr sie nun wohl deshalb gut nennt, weil sie für den Augenblick die heftigsten Qualen und Schmerzen verursachen? oder weil in der Folge Gesundheit daraus entsteht und Wohlbefinden des Körpers und Rettung der Staaten und sonst Herrschaft und Reichtum? Sie würden das letztere bejahen wie ich glaube. – Er glaubte es ebenfalls. – Sind also diese Dinge aus einer andern Ursache gut, als weil sie in Lust endigen und in der Unlust Abwendung und Vertreibung? oder habt ihr ein anderes Ziel anzugeben in Beziehung auf welches ihr sie gut nennt als nur Lust oder Unlust? Ich glaube, sie werden kein anderes angeben. – Auch ich glaube es nicht, sagte Protagoras. – Also jagt ihr doch der Lust nach als dem Guten, und die Unlust flieht ihr als das Böse? Das würden sie zugeben? – So dünkte es ihn auch. – Dies also haltet ihr eigentlich für böse, die Unlust, und die Lust für gut; wenn ihr doch behauptet, das Wohlbefinden selbst sei in dem Fall böse, wenn es größere Unlust herbeiführt als seine eigene Lust nicht war. Denn wenn ihr in einer andern Hinsicht das Wohlbefinden für böse hieltet und in Beziehung auf ein anderes Ziel: so würdet ihr uns das auch wohl sagen können, aber ihr werdet es nicht können. – Ich glaube auch nicht, daß sie es können, sagte Protagoras. – Ist es nun nicht wiederum mit dem Übelbefinden selbst die nämliche Sache? Alsdann nennt ihr selbst das Übelbefinden gut, wenn es entweder noch größere Unlust als die es selbst in sich hat, entfernt, oder größere Lust als die Unlust war, bereitet? Denn wenn ihr auf etwas anderes sähet, indem ihr das Übelbefinden gut nennt, als was ich sage: so würdet ihr es uns wohl sagen können, aber ihr werdet es nicht können. – Ganz recht, sagte Protagoras. – Weiter also, sprach ich, wenn ihr mich fragtet, ihr Leute: Warum sagst du hierüber so viel und von allen Seiten? so würde ich antworten: Habt schon Nachsicht mit mir; denn erstlich ist es überhaupt nicht leicht zu zeigen, was das eigentlich sei, was ihr nennt von der Lust überwunden werden, und dann beruht grade hierauf der ganze Beweis. Es steht euch aber auch jetzt noch frei zu widerrufen, falls ihr etwa zu sagen wißt, das Gute sei noch etwas anders als die Lust, und das Böse noch etwas anders als die Unlust. Oder ist euch das genug, euer Leben angenehm hinzubringen ohne Unlust? Wenn euch nun das genug ist, und ihr nichts anderes zu sagen wißt, was gut oder böse wäre, was sich nicht hierin endigte, so hört nun das Weitere. Nämlich ich sage euch, wenn sich dies so verhält, wird das nun eine lächerliche Rede, wenn ihr sagt, daß oftmals der Mensch, obgleich das Böse erkennend, daß es böse ist, es dennoch tut, ohnerachtet ihm frei stände es nicht zu tun, weil er von der Lust getrieben wird und betäubt; und ihr dann auch wieder sagt, daß der Mensch, das Gute erkennend, es dennoch nicht zu tun pflegt der augenblicklichen Lust wegen und von dieser überwunden. Daß dies lächerlich ist, wird euch ganz klar werden, sobald wir uns nur nicht mehr der vielerlei Namen zugleich bedienen wollen des Angenehmen und Peinlichen und des Guten und Bösen, sondern da sich gezeigt hat, daß dieses nur zweierlei ist, es auch nur mit zwei Worten bezeichnen wollen, zuerst überall durch gut und böse, und dann wieder überall durch angenehm und peinlich.

Protagoras, 353 c-355 b

Ziele der elterlichen Erziehung

Ich [Sokrates] fragte: Lysis, lieben dich dein Vater und deine Mutter sehr? – Allerdings, sagte er. – Also wollten sie auch wohl, daß du so glücklich wärest als möglich? – Wie sollten sie nicht? – Scheint dir aber der glücklich zu sein, welcher dient, und nichts tun darf, wozu er Lust hat? – Beim Zeus, mir nicht, sagte er. – Also wenn die Eltern dich lieben, und wünschen, daß du glücklich seist: so sorgen sie doch gewiß auf alle Weise dafür, daß du ganz zufrieden bist? – Wie sollten sie nicht? sagte er. – Sie lassen dich also tun, was du willst, und schelten dich um nichts, oder verwehren dir etwas zu tun, wozu du Lust hast? – Ja wohl, beim Zeus, wehren sie mir, o Sokrates, und das gar vieles. – Wie sagst du? sprach ich, sie wollen, daß es dir wohl gehe, und verwehren dir doch zu tun was du willst? Sage mir doch dieses. Wenn du Lust hättest, auf einem von des Vaters Wagen zu fahren, und die Zügel selbst zu führen, wenn Wettlauf gehalten wird, würden sie dich nicht lassen, sondern es dir verwehren? – Beim Zeus, sagte er, sie würden mich doch nicht lassen. – Aber wen denn? – Da ist ein Wagenführer, der bekommt seinen Lohn vom Vater. – Wie sagst du? und einem Mietling erlauben sie eher als dir zu tun was er will mit den Pferden, und geben dem dafür auch noch Geld? – Aber wie anders? sprach er. – Doch das Maultiergespann glaube ich immer werden sie dir erlauben zu regieren, und auch wenn du die Peitsche nehmen und sie schlagen wolltest, würden sie es zugeben. – Woher, sagte er, würden sie es zugeben? – Wie dann, sprach ich, darf niemand sie schlagen? – Ja freilich, sagte er, der Maultiertreiber. – Und ist der ein Knecht oder ein Freier? – Ein Knecht. – Einen Knecht also, wie es scheint, achten sie höher als dich ihren Sohn, und übergeben ihm das Ihrige lieber als dir, und lassen ihn tun was er will, dir aber verwehren sie es? So sage mir doch noch dieses, lassen sie dich wohl dich selbst regieren, oder erlauben sie dir auch dieses nicht? – Wie sollten sie das doch erlauben! sagte er. – Sondern es regiert dich einer? – Hier der Knabenführer, sprach er. – Ist der auch ein Knecht? – Was sonst? unserer wenigstens. – Gewiß, sagte ich, das ist arg, daß du, ein Freier, von einem Knechte regiert wirst! Was tut aber eigentlich dieser Knabenführer, daß er dich regiert? – Er führt mich eben zum Lehrer. – Und gebieten dir die etwa auch, die Lehrer? – Allerdings ja. – Gar viele Herren und Gebieter setzt dir also dein Vater recht mit Bedacht. Aber doch wenn du nach Hause kommst zur Mutter, läßt diese dich, damit du ihr recht vergnügt seist, alles tun, was du willst, es sei nun an der Wolle oder am Weberstuhl, wenn sie webt? Denn gewiß, sie verbietet dir weder die Weberlade anzurühren noch das Schiff, noch was sonst irgend zu ihrer Weberei gehört? – Da lachte er und sagte, beim Zeus, o Sokrates, nicht nur verbietet sie mirs, sondern ich bekäme gewiß Schläge, wenn ich etwas anrührte. – Herakles! sagte ich, hast du auch etwa dem Vater etwas zuleide getan oder der Mutter? – Beim Zeus, sagte er, ich nicht. – Aber weshalb verwehren sie dir so mit Gewalt glücklich zu sein und zu tun was du willst, und halten dich den ganzen Tag über immer unter jemandes Befehlen, mit einem Wort, daß du fast gar nichts tun kannst, was du möchtest? So daß, wie es scheint, dir weder aller dieser Reichtum etwas nutzt, denn jeder andere hat ja mehr darüber zu gebieten als du, noch auch diese so vorzügliche Gestalt, denn auch deinen Körper hütet und pflegt ja ein anderer: du aber, o Lysis, hast über nichts zu gebieten, und kannst nichts tun, was du möchtest. – Ich habe eben, sprach er, noch nicht die Jahre dazu, o Sokrates. – Das mag es wohl nicht sein, o Sohn des Demokrates, sagte ich, was dich hindert! Denn dergleichen, glaube ich, überlassen dir doch der Vater sowohl als die Mutter, und warten nicht erst bis du die Jahre habest, zum Beispiel wenn sie etwas wollen vorgelesen haben oder geschrieben, werden sie es, denke ich, dir eher auftragen als irgendeinem im Hause. Nicht so? – Zuverlässig, sagt er. – Und nicht wahr, hier steht dir frei, welchen Buchstaben du willst zuerst zu schreiben und zum zweiten; und ebenso beim Lesen; und wenn du deine Lyra nimmst, glaube ich, wehrt dir weder Vater noch Mutter, welche Saite du willst, höher zu stimmen oder tiefer, und mit dem Finger zu kneipen oder mit dem Plektron zu schlagen. Oder verwehren sie dirs? – Ganz und gar nicht. – Was mag also nur, o Lysis, die Ursach sein, daß sie dir hier nicht wehren, wohl aber in dem, was wir vorher sagten? – Ich glaube, sprach er, weil ich dieses verstehe, jenes aber nicht. – Wohl, antwortete ich, Bester! Nicht also deine Jahre erwartet dein Vater, um dir alles zu überlassen, sondern welchen Tag er glauben wird, du seist klüger als er, an dem wird er dir sich selbst und alles das Seinige überlassen. – Das glaube ich selbst, sagte er. – Wohl, sprach ich; wie aber der Nachbar? hat der nicht dieselbe Regel deinetwegen, wie dein Vater? Meinst du, er wird dir sein Hauswesen zu verwalten überlassen, sobald er glaubt, du verstehest dich besser auf die Haushaltungskunst als er, oder er wird ihm dann noch selbst vorstehen wollen? – Er wird es mir überlassen, meine ich. – Und wie die Athener? glaubst du, sie werden dir nicht ihre Angelegenheiten übergeben, wenn sie merken, daß du Klugheit genug besitzest? – Ich glaube es. – Und beim Zeus, fuhr ich fort, wie wohl der große König? ob er wohl seinem ältesten Sohn, auf den die Regierung von Asien kommt, wenn Fleisch gekocht wird, eher erlauben wird, alles in die Brühe zu werfen, was er nur hineinwerfen will, als uns, wenn wir nämlich zu ihm kämen, und ihm zeigten, daß wir uns besser verständen als sein Sohn auf die Zubereitung der Speisen? – Uns offenbar, sagte er. – Und jenen zwar würde er auch nicht das mindeste hineinwerfen lassen, uns aber, wollten wir auch ganze Hände voll Salz nehmen, ließe er doch hineinwerfen. – Wie sollte er nicht? – Wie aber, wenn sein Sohn an den Augen litte, ließ er ihn wohl an seinen eignen Augen etwas tun, wenn er ihn für keinen Arzt hält, oder verböte er es ihm? – Er verböte es gewiß. – Uns aber, wenn er uns für Arzneikundige hielte, wollten wir ihm auch die Augen aufreißen und mit Asche einstreuen, würde er doch, meine ich, nicht wehren, wenn er glaubte, daß wir es gründlich verständen. – Du hast recht. – Würde er nicht auch alles andere eher uns überlassen als sich und seinem Sohne, worin nämlich wir ihm weiser zu sein schienen als sie beide? – Notwendig, o Sokrates.

Lysis, 207 e-210 a

Bedingungen von Freundschaft und Liebe

Darüber, wovon wir uns richtige Einsichten erworben, wird jedermann uns schalten lassen, Hellenen und Ausländer, Männer wie Frauen; wir werden darin tun, was wir nur wollen, und niemand wird uns gern hindern, sondern wir werden hierin ganz frei sein, und auch gebietend über andere, und dieses wird das unsrige sein, denn wir werden Genuß davon haben. Wovon wir aber keinen Verstand erlangt haben, damit wird uns niemand verstatten zu tun was uns gut dünkt; sondern alle werden uns hinderlich sein, soviel sie können, nicht die Fremden allein, sondern Vater und Mutter, und wenn uns jemand noch näher verwandt sein könnte als sie. Vielmehr werden wir selbst, was diese Dinge betrifft, andern folgsam sein, und sie werden uns also fremd sein, denn wir werden keinen Genuß von ihnen haben. Räumst du ein, daß es sich so verhalte? [fragt Sokrates] – Ich räume es ein. – Werden wir also jemandem lieb sein, und wird uns jemand lieben in Hinsicht auf dasjenige, wozu wir unnütz sind? – Nicht füglich, sagte er. – Jetzt also liebt weder dich dein Vater noch sonst jemand jemanden insofern er unbrauchbar ist. – Es ist nicht zu glauben, sagte er. – Wenn du aber verständig wirst, o Sohn, dann werden alle dir freund und alle dir zugetan sein: denn du wirst brauchbar sein und gut. Wenn aber nicht: so wird weder irgendein anderer dir freund sein, noch selbst dein Vater, oder deine Mutter, oder deine Verwandten. Ist es also wohl möglich, o Lysis, sich damit viel zu wissen, worin man noch nichts weiß? – Und wie könnte man, sagte er. – Wenn also du noch des Lehrers bedarfst, weißt du noch nicht? – Richtig. – Also weißt du dich auch nicht viel, wenn du doch noch unwissend bist. – Wahrlich, o Sokrates, sagte er, ich glaube auch nicht.

Lysis, 210 b-210 d

Das Wesen der Freundschaft

Dichter erklären Freundschaft so: Gott selbst, sagen sie, führe Menschen einander zu, und mache sie zu Freunden. Es lautet dieses bei ihnen wenn ich nicht irre so: Wie doch stets den Gleichen ein Gott gesellt zum Gleichen, und ihn bekannt macht. Oder sind dir diese Verse niemals vorgekommen? [Sokrates fragt den Lysis] – Mir wohl, sagte er. – Auch wohl Schriften sehr weiser Männer sind dir vorgekommen, welche eben dasselbe sagen, daß das Ähnliche dem Ähnlichen notwendig immer freund sei. Und dies sind die, welche von der Natur und dem All reden und schreiben. – Richtig, sagte er. – Sprechen sie also wahr? – Vielleicht, sagte er. – Vielleicht, sprach ich, zur Hälfte, vielleicht aber auch ganz, und wir verstehen es nur nicht. Denn uns scheint der Böse dem Bösen, je näher er ihm kommt, und je genauer er mit ihm umgeht, um desto mehr feind werden zu müssen. Denn er beleidigt; die Beleidigenden aber und Beleidigten können unmöglich Freunde sein. Nicht so? – Gewiß, sagte er. – Auf diese Art also wäre von dem Gesagten die Hälfte nicht wahr, wenn doch die Bösen einander auch ähnlich sind. – Du hast recht. – Aber mich dünkt, sie wollen nur von den Guten sagen, daß sie einander ähnlich sind und freund; die Bösen aber, was ja auch von ihnen gesagt wird, wären niemals nicht einmal sich selbst ähnlich, sondern veränderlich und nicht zu berechnen. Was aber sich selbst unähnlich ist, und mit sich selbst in Zwiespalt, damit hat es gute Wege, daß es jemals sollte einem andern ähnlich werden und freund. Oder meinst du nicht auch so? – Ich allerdings, sagte er. – Dieses also, o Freund, wollen jene, wie mich dünkt, andeuten, welche sagen, das Ähnliche sei dem Ähnlichen freund, daß nämlich nur der Gute und nur dem Guten freund ist, der Böse aber niemals weder mit dem Guten noch mit dem Bösen zu einer wahren Freundschaft gelangt. Stimmst du mit ein? – Er bejahte es. – Das also hätten wir nun, welche Menschen Freunde sind; denn die Rede zeigt ganz deutlich an, es sind die, welche gut sind. – So, sagte er, scheint es allerdings. – Auch mir, sprach ich; wiewohl eines verdrießt mich daran. Komm also, und um Zeus willen, laß uns betrachten, was ich zu sehen glaube. Der Ähnliche ist dem Ähnlichen, sofern er ähnlich ist, freund; und ist ein solcher einem solchen auch nützlich. Oder vielmehr so: jedes Ähnliche, welchen Nutzen kann es jedem Ähnlichen wohl bringen, oder welchen Schaden ihm zufügen, den es nicht auch sich selbst täte? oder überhaupt, was ihm antun, was nicht auch jedes sich selbst antun könnte? Solche Dinge also, wie können sie Anhänglichkeit aneinander haben, da sie einander gar keine Hilfe gewähren? Kann es irgendwie sein? – Es kann gar nicht sein. – Und ohne Anhänglichkeit, wie kann etwas freund sein? – Auf keine Weise. – Allein so ist zwar der Ähnliche dem Ähnlichen nicht freund, wohl aber könnte der Gute dem Guten, sofern er gut, nicht sofern er ähnlich ist, freund sein? – Vielleicht. – Wie aber? wird nicht der Gute, inwiefern er gut ist, insofern auch sich selbst genügen? – Ja. – Der aber sich selbst genügt, bedarf keines andern, soweit dieses Genügen geht? – Wie sollte er? – Der aber keines bedarf, wird auch keinem anhängen? – Freilich nicht. – Der aber keinem anhängt, wird auch keinen lieben? – Nicht füglich. – Und der nicht liebt, ist doch wohl nicht freund? – Nein, offenbar. – Wie also können uns nur überall Gute mit Guten freund werden, welche weder in der Abwesenheit sich nacheinander sehnen, denn sie genügen jeder sich selbst auch einzeln, noch auch vereinigt irgend Nutzen voneinander haben? Wie ist zu bewerkstelligen, daß solche einander sehr wert seien? – Auf keine Art, sagte er. – Freunde aber können sie doch nicht sein, wenn sie einander nicht sehr wert sind. – Das ist richtig.

Lysis, 214 a-215 c

Zweck der Freundschaft

Wer ein Freund ist, ist der jemandem freund oder nicht? – Notwendig! – Und um keines Endzwecks willen, auch keiner Ursach wegen? oder wegen etwas und um etwas willen? – Um etwas und wegen etwas. – Ist er nun auch dieser Sache freund, um derentwillen er der andern freund ist, oder ist er ihr weder freund noch feind? – Ich folge dir nicht recht, sagte er. – Kein Wunder, sprach ich. Aber so wirst vielleicht du besser folgen, und, denke ich, auch ich besser wissen, was ich meine. Der Kranke, sagten wir eben, ist dem Arzt freund. Nicht wahr? – Ja. – Und zwar der Krankheit wegen um der Gesundheit willen ist er dem Arzte freund. – Ja. – Die Krankheit aber ist etwas Böses? – Wie sollte sie nicht? – Die Gesundheit aber, ist die gut oder böse oder keines von beiden? – Gut, sprach er. – Wir sagten also, wie es scheint, der Leib, weder gut noch böse, wäre wegen der Krankheit, das heißt, etwas Bösem, der Arzneikunst freund. Die Arzneikunst aber ist etwas Gutes; und um der Gesundheit willen empfängt die Arzneikunst die Freundschaft; die Gesundheit aber ist gut. Nicht so? – Ja. – Ist er nun der Gesundheit freund oder nicht freund? – Freund. – Der Krankheit aber feind? – Allerdings. – Das weder Bös und Gute also ist wegen des Bösen und Verhaßten dem Guten freund, um eines Guten willen, dem es freund ist? – So zeigt es sich. – Freund ist man also dem man freund ist um etwas willen, dem man freund ist wegen etwas dem man feind ist. – So sieht es aus. – Gut, sprach ich. Da wir nun hier angekommen sind, Kinder, so laßt uns wohl achtgeben, daß wir nicht betrogen werden. Denn daß nun Freund dem Freunde freund geworden ist, lasse ich gehn, obgleich so das Ähnliche dem Ähnlichen freund wird, welches wir für unmöglich erklärt haben. Dieses aber laßt uns wenigstens erwägen, damit nicht das jetzt Angenommene uns betrüge. Der Arzneikunst, sagten wir, ist man freund um der Gesundheit willen? – Ja. – Also ist man auch der Gesundheit freund? – Allerdings. – Wenn aber, so ist man es um etwas willen? – Ja. – Und zwar um etwas willen dem man freund ist, wenn auch dies dem vorhin Angenommenen folgen soll. – Allerdings. – Also auch jenem wird man freund sein um eines andern willen, dem man freund ist? – Ja. – Müssen wir also nicht müde werden, so umherzugehen, und bei einem Anfange ankommen, der nicht wieder auf eine andere Freundschaft zurückführt, sondern auf jenes selbst geht, dem wir zuerst freund sind, allem andern aber nur um seinetwillen freund zu sein gestehen? – Notwendig. – Dies ist es nun eben, was ich meine, daß nur nicht alles, welchem wir um jenes willen freund zu sein bekennen, als bloßes Schattenbild davon uns betrügt, eigentlich aber nur jenes erste es ist, dem wir wahrhaft freund sind. Wir wollen es nämlich so überlegen: Wenn jemand aus etwas sehr viel macht, wie der Vater den Sohn pflegt allen andern Dingen vorzuziehen; kann nicht ein solcher, eben deshalb, weil ihm der Sohn über alles geht, sich auch aus etwas anderem sehr viel machen? Etwa wenn er gewahr würde, jener habe Schierling getrunken, würde er sich dann nicht sehr viel aus Wein machen, indem er glaubte, dieser könne den Sohn retten? – Was wird er nicht? sagte er. – Ja auch aus dem Gefäß, worin der Wein wäre? – Auch wohl. – Achtet er aber deshalb keines von beiden höher, den tönernen Becher oder seinen Sohn? die drei Maß Wein oder seinen Sohn? Oder verhält es sich nicht vielmehr so. Alle solche Sorgfalt geht eigentlich gar nicht auf dasjenige, was um eines andern willen herbeigeschafft wird, sondern auf jenes, um deswillen das andere alles herbeigeschafft wird. Wenngleich wir öfters sagen, wir machen uns viel aus Gold und Silber, mag das doch demohnerachtet nicht das Wahre sein; sondern woraus wir uns viel machen, das ist jenes, um dessentwillen wir das Gold und alles andere Erworbene erwerben. Wollen wir dies behaupten? – Allerdings. – Also auch von dem Freunde gilt dasselbe? Denn wovon wir sagen, daß wir ihm um eines andern willen freund sind, das benennen wir offenbar nur mit einem fremden Wort, freund aber mögen wir in der Tat wohl nur jenem sein, in welchem alle diese sogenannten Freundschaften endigen. – So wird es sich wohl verhalten, sagte er. – Dem also, welchem wir in Wahrheit freund sind, sind wir es nicht um eines andern willen, dem wir auch freund wären? – Richtig. – Dieses also ist abgemacht, wem wir freund sind, sind wir es nicht um eines andern willen, dem wir es auch sind. Aber sind wir wohl dem Guten freund? – Mich dünkt es.

Lysis, 218 d-220 b

Schönheit und Tugend des Eros

In den Gemütern und Seelen der Götter und Menschen schlägt Eros seinen Wohnsitz auf, und auch nicht der Reihe nach ohne Ausnahme in allen Seelen, sondern begegnet er einer von harter Gesinnung, bei der geht er vorüber, die aber eine weiche hat, bei der zieht er ein. Der nun mit den Füßen und überall nur das Weichste der Weichsten berührt, muß notwendig der Zarteste sein. Und so ist er dann der Jüngste und Zarteste; überdies aber auch von schmeidigem Wesen. Denn sonst vermöchte er nicht überall sich anzuschmiegen und in jede Seele heimlich sowohl zuerst hineinzukommen als auch hernach herauszugehen, wenn er ungelenk wäre. Auch ist von seiner ebenmäßigen und schmeidigen Gestalt ein großer Beweis die Wohlanständigkeit, die ausgezeichnet von allen eingeständlich dem Eros eignet. Denn Übelstand und Liebe sind immer im Kriege gegeneinander. Die Schönheit aber seiner Farben muß schon die Lebensweise des Gottes unter Blüten zeigen. Denn in einem blütenlosen oder abgeblühten Leib oder Seele oder was es sonst ist, setzt sich Eros nicht; wo aber ein blumiger und duftiger Ort ist, da setzt er sich und bleibt. Über die Schönheit des Gottes nun reicht schon dieses wohl hin, wie auch vieles noch zurückbleibt; von seiner Tugend aber ist hiernächst zu sagen, zuerst das Größte, daß Eros nie weder beleidigt noch beleidigt wird, weder Gott und von Gott, noch Menschen und von Menschen. Denn weder widerfährt ihm selbst gewaltsam, wenn ihm etwas widerfährt, denn Gewalt trifft den Eros nicht, noch verrichtet er so, was er verrichtet. Denn jeder leistet dem Eros jedes freiwillig, und was freiwillig einer dem andern Freiwilligen zugesteht, das erklären die Könige der Staaten die Gesetze für recht. Nächst der Gerechtigkeit aber ist ihm auch Besonnenheit vorzüglich zuzuschreiben. Denn Besonnenheit, wird eingestanden, sei das Herrschen über Lüste und Begierden, und keine Lust sei stärker als die Liebe. Sind die andern aber schwächer, so werden sie ja von der Liebe beherrscht und Eros herrscht. Herrscht aber Eros über die Lüste und Begierden, so muß er ja vorzüglich besonnen sein. So auch, was die Tapferkeit betrifft, kann nicht einmal Ares [der Kriegsgott] sich dem Eros gegenüberstellen. Denn nicht er, Ares, hat den Eros, sondern ihn den Ares hat der Eros, die Liebe zur Aphrodite nämlich, wie ja die Rede geht. Der aber hat, ist besser als der gehabt wird, und hat er den Tapfersten von allen übrigen unter sich, so ist er ja notwendig der Tapferste von allen. Von der Gerechtigkeit also und Besonnenheit und Tapferkeit des Gottes haben wir geredet; die Weisheit aber ist noch zurück. Soviel nun möglich müssen wir suchen auch hier nicht zurückzubleiben. Und zuerst nun, damit auch ich [Agathon spricht, der bekannte Tragödiendichter, zu dessen Feier Platon ein Trinkgelage stattfinden läßt] unsere Kunst ehre wie Eryximachos die seinige, ist der Gott so kunstreich als Dichter, daß er auch andere dazu macht. Jeder wenigstens wird ein Dichter, wär' er auch den Musen fremd vorher, den Eros trifft. Was wir also wohl können als Beweis brauchen dafür, daß Eros ein trefflicher Künstler, ist, jedes hervorzubringen, was zur Kunst der Musen gehört. Denn was einer nicht hat oder nicht weiß, das kann er auch einem andern nicht geben oder lehren. Und was nun weiter die Hervorbringung alles Lebendigen betrifft, wer wollte wohl bestreiten, daß es nicht die Kunst des Eros sei, durch welche alles Lebende entsteht und gebildet wird. Von der Meisterschaft aber in anderen Künsten wissen wir etwa nicht, daß wessen Lehrer dieser Gott gewesen, der in Ruhm und Glanz gekommen ist, wem aber Eros nicht beigestanden, der in den Schatten? Denn die Heilkunde und die Kunst des Bogenschießens und des Weissagens hat Apollon erfunden unter Anführung des Verlangens und der Liebe, so daß sowohl dieser für einen Schüler des Eros anzusehen ist als auch die Musen in der Tonkunst und Hephaistos in der Schmiedekunst und Athene in der Weberei und Zeus in der Regierungskunst über Götter und Menschen. Daher auch die Angelegenheiten der Götter sich geordnet haben, sobald nur die Liebe unter sie gekommen war, zur Schönheit nämlich; denn über die Häßlichkeit ist Eros nicht gesetzt. Vorher aber, wie ich auch anfangs gesagt, gab es vielerlei Arges unter den Göttern, weil die Notwendigkeit herrschte; sobald aber dieser Gott entsprungen war, entstand auch aus der Liebe zum Schönen alles Gute bei Göttern und Menschen.

Symposion, 195 e-197 b

Die Wohltaten des Eros

Eros scheint mir zuerst selbst der schönste und beste, nächstdem aber auch anderen vieles anderen solchen Urheber zu sein. Und hier fällt mir ein, etwas Dichterisches zu sagen, daß er es nämlich ist, welcher unter den Menschen Friede bewirkt, und spiegelnde Glätte dem Meere, Schweigen der Stürme und erfreuliches Lager und Schlaf für die Sorgen. Und dieser eben entledigt uns des Fremdartigen und sättigt uns mit dem Angehörigen, indem er nur solche Vereinigungen uns untereinander anordnet, bei Festen, bei Chören, bei Opfern sich darbietend zum Anführer; Mildheit dabei verleihend, Wildheit aber zerstreuend, Begründer des Wohlwollens, Verhinderer des Übelwollens, günstig den Guten, verehrlich den Weisen, erfreulich den Göttern, neidenswert den Unbegabten, erwünscht den Wohlbegabten, des Wohllebens, der Behaglichkeit, der Genüge, der Anmut, des Sehnens, des Reizes Vater, sorgsam für die Guten, sorglos für die Schlechten, im Wanken, im Bangen, in Verlangen, in Gedanken der beste Lenker, Helfer, Berater und Retter, aller Götter und Menschen Zier, als Anführer der schönste und beste, dem jeglicher Mann folgen muß, lobsingend aufs herrlichste, in den herrlichen Gesang mit einstimmend, welchen anstimmend er aller Götter und Menschen Sinn erweicht.

Symposion, 197 c-197 e

Eros ist Liebe zum Guten und möchte
es immer besitzen

Wenn nun aber Eros ein solcher ist, welchen Nutzen gewährt er den Menschen? [Sokrates fragt] – Dies, o Sokrates, sprach die Freundin Diotima [Priesterin aus Mantineia], will ich nun hiernächst versuchen dich zu lehren. So beschaffen also und so entstanden ist Eros: Er zielt auf das Schöne, wie du sagst. Wenn uns aber jemand fragte, was hat denn Eros vom Schönen, o Sokrates und Diotima? oder ich will es noch deutlicher so fragen, wer das Schöne begehrt, was begehrt der? – Da sprach ich, daß es ihm zu Teil werde. – Aber, sagte sie, diese Antwort verlangt nach noch einer Frage, etwa dieser, was geschieht denn jenem, dem das Schöne zu Teil wird? – Da sagte ich, auf diese Frage hätte ich nicht mehr sogleich eine Antwort bereit. – Aber, sprach sie, wenn nun jemand tauschend statt des Schönen das Gute setzte, und fragte, sprich, Sokrates, wer das Gute begehrt, was begehrt der? – Daß es ihm zu Teil werde, sagte ich. – Und was geschieht jenem, dem das Gute zu Teil wird? – Das kann ich schon leichter beantworten, sagte ich, er wird glückselig. – Denn durch den Besitz des Guten, fügte sie hinzu, sind die Glückseligen glückselig. Und hier bedarf es nun keiner weitern Frage mehr, weshalb doch der glückselig sein will der es will, sondern die Antwort scheint vollendet zu sein. – Richtig gesprochen, sagte ich. – Dieser Wille nun und diese Liebe, glaubst du, daß sie allen Menschen gemein sind, und daß alle immer wollen das Gute haben? oder wie meinst du? – So, sprach ich, daß dies allen gemein ist. – Warum aber, sprach sie, sagen wir nicht, daß alle lieben, wenn doch alle dasselbe lieben und immer, sondern sagen von einigen, daß sie lieben, von anderen aber nicht? – Das wundert mich selbst, sagte ich. – Laß es dich nur nicht wundern, sagte sie. Denn wir nehmen nur eine gewisse Art der Liebe heraus, die wir mit dem Namen des Ganzen belegen und Liebe nennen, für die anderen brauchen wir andere Namen. – Wie doch etwa? sprach ich. – So etwa, sagte sie. Du weißt doch, daß Dichtung etwas gar Vielfältiges ist. Denn was nur für irgend etwas Ursache wird, aus dem Nichtsein in das Sein zu treten, ist insgesamt Dichtung. Daher liegt auch bei den Hervorbringungen aller Künste Dichtung zum Grunde, und die Meister darin sind sämtlich Dichter. – Ganz richtig. – Aber doch weißt du schon, daß sie nicht Dichter genannt werden; sondern andere Benennungen haben, und von der gesamten Dichtung wird nur ein Teil ausgesondert, der es mit der Tonkunst und den Silbenmaßen zu tun hat, und dieser mit dem Namen des Ganzen benannt. Denn dies allein wird Dichtung genannt, und die diesen Teil der Dichtung inne haben Dichter. – Richtig gesprochen, sagte ich. – So auch was die Liebe betrifft, ist im allgemeinen jedes Begehren des Guten und der Glückseligkeit die größte und heftigste Liebe für jeden. Allein die übrigen, die sich anderwärts hin damit wenden, entweder zum Gewerbe oder zu den Leibesübungen oder zur Erkenntnis, von denen sagen wir nicht, daß sie lieben und Liebhaber sind; sondern nur die auf eine gewisse Art ausgehn und sich der befleißigen, erhalten den Namen des Ganzen, Liebe und lieben und Liebhaber. – Das magst du wohl richtig erklären, sagte ich. – Und so geht zwar eine Rede, sagte sie, daß die ihre Hälfte suchen lieben. Meine Rede aber sagt, die Liebe gehe weder auf die Hälfte, Freund, noch auf das Ganze, wenn es nicht ein Gutes ist. Denn die Menschen lassen sich ja gern ihre eignen Hände und Füße wegschneiden, wenn sie, obgleich ihr eigen, ihnen böse und gefährlich scheinen. Denn nicht an dem Seinigen hängt jeder, glaube ich, es müßte denn einer das Gute das Angehörige nennen und das Seinige, das Schlechte aber Fremdes. So daß es nichts gibt was die Menschen lieben als das Gute. Oder scheinen sie dir doch etwa? – Beim Zeus mir nicht, sprach ich. – Können wir aber nun schon so schlechthin sagen, daß die Menschen das Gute lieben? – Ja, sagte ich. – Wie? müssen wir nicht hinzusetzen, daß sie lieben das Gute zu haben? – Das müssen wir hinzusetzen. – Und, sagte sie, nicht nur es zu haben, sondern auch es immer zu haben? – Auch das ist hinzuzusetzen. – So geht denn alles zusammengenommen die Liebe darauf, daß man selbst das Gute immer haben will. – Vollkommen richtig erklärt, sagte ich. – Wenn nun die Liebe immer dieses ist, auf welche Art und in welcher Handlungsweise gehn ihm nun diejenigen nach, deren Betrieb und Anstrengung man eigentlich Liebe zu nennen pflegt? Weißt du wohl zu sagen, was für ein Werk dieses ist? – Dann würde ich ja, sprach ich, dich o Diotima nicht so bewundern deiner Weisheit wegen und zu dir gehn, um eben dieses zu lernen. – So will ich es dir sagen, sprach sie. Es ist nämlich eine Ausgeburt in dem Schönen sowohl dem Leibe als der Seele nach. – Man muß weissagen können, sprach ich, um zu wissen was du wohl meinst, und ich verstehe es nicht. – So will ich es dir denn deutlicher sagen.

Alle Menschen nämlich, o Sokrates, sprach sie, sind fruchtbar sowohl dem Leibe als der Seele nach, und wenn sie zu einem gewissen Alter gelangt sind, so strebt unsere Natur zu erzeugen. Erzeugen aber kann sie in dem Häßlichen nicht, sondern nur in dem Schönen. Des Mannes und Weibes Gemeinschaft nämlich ist Erzeugung. Es ist aber dies eine göttliche Sache, und in dem sterblichen Lebenden etwas Unsterbliches die Empfängnis und die Erzeugung. In dem Unangemessenen aber kann dieses unmöglich erfolgen; und unangemessen ist das Häßliche allem Göttlichen; das Schöne aber angemessen. Eine einführende und geburtshelfende Göttin also ist die Schönheit für die Erzeugung. Deshalb wenn das Zeugungslustige dem Schönen naht, wird es beruhigt und von Freude durchströmt und erzeugt und befruchtet; wenn aber Häßlichem, so zieht es sich finster und traurig in sich zusammen und wendet sich ab und schrumpft ein und erzeugt nicht, sondern trägt mit Beschwerde seine Bürde weiter. Darum beeifert sich, wer von Zeugungsstoff und Lust erfüllt ist, so sehr um das Schöne, weil es ihn großer Wehen entledigt. Denn die Liebe, o Sokrates, geht gar nicht auf das Schöne, wie du meinst. – Sondern worauf denn? – Auf die Erzeugung und Ausgeburt im Schönen. – Mag sein, sprach ich. – Ganz gewiß, sagte sie. – Warum aber auf die Erzeugung? – Weil eben die Erzeugung das Ewige ist und das Unsterbliche, wie es im Sterblichen sein kann. Nach der Unsterblichkeit aber zu streben mit dem Guten ist notwendig zufolge des schon eingestandenen, wenn doch die Liebe darauf geht das Gute immer zu haben.

Symposion, 204 d-207 a

Grund der Liebe

Als Diotima einst über die Liebe mit mir redete, fragte sie mich auch einmal: Was meinst du wohl, o Sokrates, daß die Ursach der Liebe und des Verlangens sei? oder merkst du nicht, in welchem gewaltsamen Zustande sich alle Tiere befinden, wenn sie begierig sind zu erzeugen, geflügelte und ungeflügelte, wie sie alle krank und verliebt erscheinen, zuerst wenn sie sich mit einander vermischen, und dann auch bei der Auferziehung des Erzeugten, wie auch die Schwächsten bereit sind, dieses gegen die Stärksten zu verteidigen und dafür zu sterben; und wie sie sich selbst vom Hunger quälen lassen, um nur jenes zu ernähren und so auch alles andere tun? Denn von den Menschen könnte man sagen, sie täten dies mit Überlegung; aber welches der Grund sein mag, warum auch die Tiere sich so verliebt zeigen, kannst du mir das sagen? – Und ich sagte wieder, ich wüßte es nicht. – Da sprach sie, gedenkst du denn je etwas Großes zu leisten in Liebessachen, wenn du dies nicht einsiehst? – Aber eben deshalb, sprach ich, bin ich ja zu dir gekommen, o Diotima, wie ich auch schon sagte, weil ich weiß, daß ich Lehrer brauche. Sage mir also den Grund hievon und von allem, was sonst in der Liebe vorkommt. – Wenn du also glaubst, sprach sie, daß die Liebe von Natur auf das gehe, worüber wir uns oft schon einverstanden haben, so wundere dich nur nicht. Denn ganz eben so wie dort sucht auch hier die sterbliche Natur nach Vermögen immer zu sein und unsterblich. Sie vermag es aber nur auf diese Art durch die Erzeugung, daß immer ein anderes Junges statt des Alten zurückbleibt. Denn auch von jedem einzelnen Lebenden sagt man ja, daß es lebe und dasselbe sei, wie einer von Kindesbeinen an immer derselbe genannt wird, wenn er auch ein Greis geworden ist: und das heißt doch immer derselbe ohnerachtet er nie dasselbe an sich behält, sondern immer ein neuer wird und Altes verliert an Haaren, Fleisch, Knochen, Blut und dem ganzen Leibe; und nicht nur an dem Leibe allein, sondern auch an der Seele, die Gewöhnungen, Sitten, Meinungen, Begierden, Lust, Unlust, Furcht, hiervon behält nie jeder dasselbe an sich, sondern eins entsteht und das andere vergeht. Und viel wunderlicher noch als dieses ist, daß auch die Erkenntnisse nicht nur teils entstehen teils vergehen, und wir nie dieselben sind in bezug auf die Erkenntnisse, sondern daß auch jeder einzelnen Erkenntnis dasselbe begegnet. Denn was man Nachsinnen heißt, geht auf eine ausgegangene Erkenntnis. Vergessen nämlich ist das Ausgehn einer Erkenntnis, Nachsinnen aber bildet statt der abgegangenen eine Erinnerung ein, und erhält so die Erkenntnis, daß sie scheint dieselbige zu sein. Und auf diese Weise wird alles Sterbliche erhalten, nicht so daß es durchaus immer dasselbige wäre wie das Göttliche, sondern indem das Abgehende und Veraltende ein anderes neues solches zurückläßt wie es selbst war. Durch diese Veranstaltung, o Sokrates, sagte sie, hat alles Sterbliche Teil an der Unsterblichkeit, der Leib sowohl als alles übrige; das Unsterbliche aber durch eine andere. Wundere dich also nicht, wenn ein jedes von Natur seinen eignen Sprößling in Ehren hält. Denn der Unsterblichkeit wegen begleitet jeden dies Bestreben und diese Liebe. – Über diese Rede nun, als ich sie gehört, war ich verwundert, und sagte, wohl! weiseste Diotima, verhält sich dies nun in der Tat so? – Und sie, wie die rechten Meister im Wissen pflegen, sprach, das sei nur versichert, o Sokrates. Denn wenn du auch auf die Ehrliebe der Menschen sehen willst: so müßtest du dich ja über die Unvernunft wundern, in dem was ich schon angeführt, wenn du nicht bedenkst, wie einen gewaltigen Trieb sie haben berühmt zu werden und einen unsterblichen Namen auf ewige Zeiten sich zu erwerben. Und dieserhalb sind alle bereit, die größten Gefahren zu bestehen, noch mehr als für ihre Kinder, und ihr Vermögen aufzuwenden, und jedwede Mühe unverdrossen zu übernehmen und dafür zu sterben. Denn meinst du wohl, sprach sie, Alkestis würde für den Admetos gestorben sein oder Achilleus dem Patroklos nachgestorben, oder euer Kodros im voraus für die Königswürde seiner Kinder, wenn sie nicht geglaubt hätten, eine unsterbliche Erinnerung ihrer Tugend würde nach ihnen bleiben, die wir jetzt auch haben? Weit gefehlt, sagte sie, sondern nur für die Unsterblichkeit der Tugend und für einen solchen herrlichen Nachruhm glaube ich tun alle alles, und zwar je besser sie sind um desto mehr, denn sie lieben das Unsterbliche. Die nun, fuhr sie fort, dem Leibe nach zeugungslustig sind, wenden sich mehr zu den Weibern und sind auf diese Art verliebt, indem sie durch Kindererzeugen Unsterblichkeit und Nachgedenken und Glückseligkeit, wie sie meinen für alle künftige Zeit, sich verschaffen. Die aber der Seele nach; denn es gibt solche, sagte sie, die auch in der Seele Zeugungskraft haben vielmehr als im Leibe, für das nämlich, was der Seele ziemt zu erzeugen und erzeugen zu wollen. Und was ziemt ihr denn? Weisheit und jede andere Tugend, deren Erzeuger auch alle Dichter sind und alle Künstler, denen man zuschreibt erfinderisch zu sein. Die größte aber und bei weitem schönste Weisheit, sagte sie, ist die, welche in der Staaten und des Hauswesens Anordnung sich zeigte, deren Namen Besonnenheit ist und Gerechtigkeit. Wer nun diese als ein Göttlicher schon von Jugend an in seiner Seele trägt, der wird auch wenn die Zeit herankommt Lust haben zu befruchten und zu erzeugen. Daher geht auch, meine ich, ein solcher umher das Schöne zu suchen, worin er erzeugen könne. Denn in dem Häßlichen wird er nie erzeugen. Daher erfreut er sich sowohl an schönen Leibern mehr als an häßlichen, weil er nämlich erzeugen will, als auch wenn er eine schöne edle und wohlgebildete Seele antrifft, erfreut er sich vorzüglich an beidem vereiniget, und hat für einen solchen Menschen gleich eine Fülle von Reden über die Tugend, und darüber wie ein trefflicher Mann sein müsse und wonach streben; und gleich unternimmt er ihn zu unterweisen. Nämlich indem er den Schönen berührt, meine ich, und mit ihm sich unterhält, erzeugt und gebiert er, was er schon lange zeugungslustig in sich trug, und indem er anwesend und abwesend sein gedenkt, erzieht er auch mit jenem gemeinschaftlich das Erzeugte. So daß diese eine weit genauere Gemeinschaft mit einander haben als die eheliche und eine festere Freundschaft, wie sie auch schönere und unsterblichere Kinder gemeinschaftlich besitzen. Und jeder sollte lieber wollen solche Kinder haben als die menschlichen, wenn er auf Homer sieht und Hesiod und die anderen trefflichen Dichter, nicht ohne Neid was für Geburten sie zurück lassen, die ihnen unsterblichen

Ruhm und Angedenken sichern, wie sie auch selbst unsterblich sind. Oder wenn du willst, sagte sie, was für Kinder Lykurgos [nach der antiken Tradition stammte Spartas Verfassung von Lykurgos] in Lakedaimon [Sparta] zurückgelassen hat, Retter von Lakedaimon, und um es gerade zu sagen von ganz Hellas. Geehrt ist bei euch auch Solon, weil er Gesetze gezeugt, und viele andere anderwärts unter Hellenen und Barbaren, die viele und schöne Werke dargestellt haben und vielfältige Tugenden erzeugt, denen auch schon viele Heiligtümer sind errichtet worden um solcher Kinder willen, der menschlichen Kinder wegen aber nie jemanden.

Symposion, 207 b-209 e

Der Weg zum Schönen und Guten

Versuche zu folgen, wenn du es vermagst: Man muß in der Jugend damit anfangen, schönen Gestalten nachzugehen, und wird zuerst freilich, wenn er richtig beginnt, nur einen solchen lieben und diesen mit schönen Reden befruchten, hernach aber von selbst inne werden, daß die Schönheit in irgend einem Leibe der in jedem andern verschwistert ist, und er also, wenn er dem in der Idee Schönen nachgehen soll, großer Unverstand wäre, nicht die Schönheit in allen Leibern für eine und dieselbe zu halten, und wenn er dies inne geworden, sich als Liebhaber aller schönen Leiber darstellen, und von der gewaltigen Heftigkeit für einen nachlassen, indem er dies für klein und geringfügig hält. Nächstdem aber muß er die Schönheit in den Seelen für weit herrlicher halten als die in den Leibern, so daß, wenn einer, dessen Seele zu loben ist, auch nur wenig von jener Blüte zeigt, ihm das doch genug ist und er ihn liebt und pflegt, indem er solche Reden erzeugt und aufsucht, welche die Jünglinge besser zu machen vermögen, damit er selbst so dahin gebracht werde, das Schöne in den Bestrebungen und in den Sitten anzuschauen, um auch von diesem zu sehen, daß es sich überall verwandt ist, und so die Schönheit des Leibes für etwas Geringes zu halten. Von den Bestrebungen aber muß er weiter zu den Erkenntnissen gehn, damit er auch die Schönheit der Erkenntnisse schaue, und vielfältiges Schöne schon im Auge habend nicht mehr dem bei einem einzelnen, indem er knechtischer Weise die Schönheit eines Jungen oder irgend eines

Mannes oder einer einzelnen Bestrebung liebt, dienend sich schlecht und kleingeistig zeige, sondern auf die hohe See des Schönen sich begebend und dort umschauend viel schöne und herrliche Reden und Gedanken erzeuge in ungemessenem Streben nach Weisheit, bis er, hiedurch gestärkt und vervollkommnet, eine einzige solche Erkenntnis erblicke, welche auf ein Schönes folgender Art geht. Hier aber, sprach sie, bemühe dich nur aufzumerken, so sehr du kannst. Wer nämlich bis hieher in der Liebe erzogen ist, das mancherlei Schöne in solcher Ordnung und richtig schauend, der wird, indem er nun der Vollendung in der Liebeskunst entgegengeht, plötzlich ein von Natur wunderbar Schönes erblicken, nämlich jenes selbst, o Sokrates, um deswillen er alle bisherigen Anstrengungen gemacht hat, welches zuerst immer ist und weder entsteht noch vergeht, weder wächst noch schwindet, ferner auch nicht etwa nur in sofern schön in sofern aber häßlich ist, noch auch jetzt schön und dann nicht, noch in Vergleich hiemit schön damit aber häßlich, noch auch hier schön dort aber häßlich, als ob es nur für einige schön für andere aber häßlich wäre. Noch auch wird ihm dieses Schöne unter einer Gestalt erscheinen wie ein Gesicht oder Hände oder sonst etwas was der Leib an sich hat, noch wie eine Rede oder eine Erkenntnis, noch irgendwo an einem andern seiend weder an einem einzelnen Lebenden, noch an der Erde noch am Himmel; sondern an und für und in sich selbst ewig überall dasselbe seiend, alles andere Schöne aber an jenem auf irgend eine solche Weise Anteil habend, daß wenn auch das andere entsteht und vergeht, jenes doch nie irgend einen Gewinn oder Schaden davon hat, noch ihm sonst etwas begegnet. Wenn also jemand vermittelst der echten Knabenliebe von dort an aufgestiegen jenes Schöne anfängt zu erblicken, der kann beinahe zur Vollendung gelangen. Denn dies ist die rechte Art sich auf die Liebe zu legen oder von einem andern dazu angeführt zu werden, daß man von diesem einzelnen Schönen beginnend jenes einen Schönen wegen immer höher hinaufsteige gleichsam stufenweise von einem zu zweien, und von zweien zu allen schönen Gestalten, und von den schönen Gestalten zu den schönen Sitten und Handlungsweisen, und von den schönen Sitten zu den schönen Kenntnissen, bis man von den Kenntnissen endlich zu jener Kenntnis gelangt, welche von nichts anderem als eben von jenem Schönen selbst die Kenntnis ist, und man also zuletzt jenes selbst was schön ist erkenne. Und an dieser Stelle des Lebens, o lieber Sokrates, sagte die Mantineische Fremde [Diotima], wenn irgendwo, ist es dem Menschen erst lebenswert, wo er das Schöne selbst schaut, welches, wenn du es je erblickst, du nicht wirst vergleichen wollen mit köstlichem Gerät oder Schmuck, oder mit schönen Knaben und Jünglingen, bei deren Anblick du jetzt entzückt bist, und wohl gern, du wie viele andere, um nur den Liebling zu sehn und immer mit ihm vereinigt zu sein, wenn es möglich wäre, weder essen noch trinken möchtest, sondern nur anschauen und mit ihm verbunden sein. Was also, sprach sie, sollen wir erst glauben wenn einer dazu gelangte, jenes Schöne selbst rein lauter und unvermischt zu sehn, das nicht erst voll menschlichen Fleisches ist und Farben und anderen sterblichen Flitterkrames, sondern das göttlich Schöne selbst in seiner Eigenart zu schauen? Meinst du wohl, daß das ein schlechtes Leben sei, wenn einer dorthin sieht und jenes erblickt und damit umgeht? Oder glaubst du nicht, daß dort allein ihm begegnen kann, indem er schaut, womit man das Schöne schauen muß; nicht Abbilder der Tugend zu erzeugen, weil er nämlich auch nicht ein Abbild berührt, sondern Wahres weil er das Wahre berührt? Wer aber wahre Tugend erzeugt und aufzieht, dem gebührt von den Göttern geliebt zu werden, und wenn irgend einem anderen Menschen dann gewiß ihm auch, unsterblich zu sein. Solches, o Phaidros und ihr übrigen, sprach Diotima, und ich habe ihr geglaubt, und wie ich es glaube, suche ich es auch andern glaublich zu machen, daß um zu diesem Besitz zu gelangen, nicht leicht jemand der menschlichen Natur einen besseren Helfer finden könnte als den Eros. Darum auch, behaupte ich, sollte jedermann den Eros ehren, und ehre ich auch selbst alles was zur Liebe gehört, und übe mich darin ganz vorzüglich, und ermuntere auch andere dazu, und preise jetzt und immer die Macht und Tapferkeit des Eros so sehr ich nur vermag.

Symposion, 210b-212c

Erkenntnis und Wahrheit sind Sache der Seele

Gewähren wohl Gesicht und Gehör den Menschen einige Wahrheit? Oder singen uns selbst die Dichter das immer vor, daß wir nichts genau hören noch sehen? [Sokrates fragt] Und doch wenn unter den Wahrnehmungen, die dem Leibe angehören, diese nicht genau sind und sicher: dann die andern wohl gar nicht; denn alle sind ja wohl schlechter als diese; oder dünken sie dich das nicht? – Freilich, sagte er. – Wann also trifft die Seele die Wahrheit? Denn wenn sie mit dem Leibe versucht etwas zu betrachten, dann offenbar wird sie von diesem hintergangen. – Richtig. – Wird also nicht in dem Denken, wenn irgendwo, ihr etwas von dem Seienden offenbar? – Ja. – Und sie denkt offenbar am besten, wenn nichts von diesem sie trübt, weder Gehör noch Gesicht noch Schmerz und Lust, sondern sie am meisten ganz für sich ist, den Leib gehn läßt, und soviel irgendmöglich ohne Gemeinschaft und Verkehr mit ihm dem Seienden nachgeht. – So ist es. – Also auch dabei verachtet des Philosophen Seele am meisten den Leib, flieht von ihm, und sucht für sich allein zu sein? – So scheint es. – Wie nun hiermit, o Simmias: Sagen wir, daß das Gerechte etwas sei oder nichts? – Wir behaupten es ja freilich, beim Zeus. – Und nicht auch das Schöne und Gute? – Wie sollte es nicht? – Hast du nun wohl schon jemals hievon das mindeste mit Augen gesehen? – Keinesweges, sprach er. – Oder mit sonst einer Wahrnehmung, die vermittelst des Leibes erfolgt, es getroffen? ich meine aber alles dieses, Größe, Gesundheit, Stärke, und mit einem Worte von allem insgesamt das Wesen was jegliches wirklich ist; wird etwa vermittelst des Leibes hievon das eigentlich Wahre geschaut, oder verhält es sich so, wer von uns am meisten und genauesten es darauf anlegt, jegliches selbst unmittelbar zu denken was er untersucht, der kommt auch am nächsten daran, jegliches zu erkennen? – Allerdings. – Und der kann doch jenes am reinsten ausrichten, der am meisten mit dem Gedanken allein zu jedem geht, ohne weder das Gesicht mit anzuwenden beim Denken, noch irgend einen anderen Sinn mit zuzuziehen bei seinem Nachdenken, sondern sich des reinen Gedankens allein bedienend, auch jegliches rein für sich zu fassen trachtet, so viel möglich geschieden von Augen und Ohren, und um es kurz zu sagen von dem ganzen Leibe, der nur verwirrt und die Seele nicht läßt Wahrheit und Einsicht erlangen, wenn er mit dabei ist. Ist es nicht ein solcher, o Simmias, der wenn irgend einer das Wahre treffen wird? – Über die Maßen hast du recht, o Sokrates, sprach Simmias. – Ist es nun nicht natürlich, daß durch dieses alles eine solche Meinung bei den wahrhaft Philosophierenden aufkommt, so daß sie auch dergleichen unter sich reden. Es wird uns ja wohl gleichsam ein Fußsteig hinaustragen mit der Vernunft in der Untersuchung, weil so lange wir noch den Leib haben und unsere Seele mit diesem Übel im Gemenge ist, wir nie befriedigend erreichen können, wornach uns verlangt, und dieses sagen wir doch sei das Wahre. Denn der Leib macht uns tausenderlei zu schaffen wegen der notwendigen Nahrung, denn auch wenn uns Krankheiten zustoßen, verhindern uns diese das Wahre zu erjagen, und auch mit Gelüsten und Begierden, Furcht und mancherlei Schattenbildern und vielen Kindereien erfüllt er uns; so daß recht in Wahrheit, wie man auch zu sagen pflegt, wir um seinetwillen nicht einmal dazu kommen auch nur irgend etwas richtig einzusehen. Denn auch Kriege und Unruhen und Schlachten erregt uns nichts anders als der Leib und seine Begierden. Denn über den Besitz von Geld und Gut entstehen alle Kriege, und dieses müssen wir haben des Leibes wegen, weil wir seiner Pflege dienstbar sind, und daher fehlt es uns an Muße der Weisheit nachzutrachten um aller dieser Dinge willen wegen alles dessen. Und endlich noch, wenn er uns auch einmal Muße läßt, und wir uns anschikken etwas zu untersuchen: so fällt er uns wieder bei den Untersuchungen selbst beschwerlich, macht uns Unruhe und Störung und verwirrt uns, daß wir seinetwegen nicht das Wahre sehen können. Sondern es ist uns wirklich ganz klar, daß wenn wir je etwas rein erkennen wollen, wir uns von ihm losmachen und mit der Seele selbst die Dinge selbst schauen müssen. Und dann erst offenbar werden wir haben, was wir begehren, und wessen Liebhaber wir zu sein behaupten, die Weisheit, wenn wir tot sein werden, wie die Rede uns andeutet, so lange wir leben aber nicht. Denn wenn es nicht möglich ist, mit dem Leibe irgend etwas rein zu erkennen: so können wir nur eines von beiden, entweder niemals zum Verständnis gelangen oder nach dem Tod. Denn alsdann wird die Seele für sich allein sein abgesondert vom Leib, vorher aber nicht. Und so lange wir leben, werden wir, wie sich zeigt, nur dann dem Erkennen am nächsten sein, wenn wir soviel möglich nichts mit dem Leib zu schaffen noch gemein haben, was nicht höchst nötig ist, und wenn wir mit seiner Natur uns nicht anfüllen, sondern uns von ihm rein halten, bis der Gott selbst uns befreit. Und so rein der Torheit des Leibes entledigt, werden wir wahrscheinlich mit eben solchen zusammen sein, und durch uns selbst alles Ungetrübte erkennen, und dies ist eben wohl das Wahre. Dem Nichtreinen aber mag Reines zu berühren wohl nicht vergönnt sein. Dergleichen meine ich, o Simmias, werden notwendig alle wahrhaft Wißbegierigen denken und unter einander reden. Oder dünkt dich nicht so? – Auf alle Weise, o Sokrates.

Phaidon, 65 b-67 b

Ein trefflicher Mann dauernd zu sein, ist unmöglich

Ein trefflicher Mann zu werden, ist wahrhaftig schwer, doch aber möglich auf einige Zeit wenigstens; wenn man es aber geworden ist, auch in dieser Verfassung zu bleiben und ein trefflicher Mann fortdauernd zu sein, das ist unmöglich und nicht dem Menschen angemessen, sondern Gott allein darf diese Ehre besitzen. Dem Menschen aber ist nicht möglich nicht schlecht sein, welchen ein ratloses Unglück niederwirft. Wen wirft nun ein ratloses Unglück nieder bei der Regierung eines Schiffes? Offenbar doch nicht den Unkundigen, denn der ist schon immer niedergeworfen. So wie nun niemand den Liegenden niederreißen kann, sondern den Stehenden zwar kann man niederreißen, daß er ein Liegender wird, den Liegenden aber nicht: so kann auch nur den, der sich sonst wohl zu raten weiß, ein ratloses Unglück niederwerfen, den immer Ratlosen aber nicht. Und den Steuermann kann ein heftiger Sturm der ihn überfällt ratlos machen, den Landmann schlechte Witterung die eintritt, und Ähnliches auch den Arzt. Denn dem Vortrefflichen kann es begegnen einmal schlecht geworden zu sein, wie auch ein anderer Dichter bezeugt, welcher sagt: Auch wohl ein Trefflicher ist nun schlecht, dann wieder zu rühmen; dem Schlechten aber begegnet nicht es einmal gewesen zu sein, sondern ihm ist notwendig es immer zu sein, so daß der wohlberatene, weise und treffliche, wenn ihn ratloses Unglück niederwirft, nicht anders kann als schlecht sein; du aber, Pittakos, sagst: Schwer ist es tugendlich sein. Es ist aber tugendlich werden schon schwer, jedoch möglich; tugendlich sein aber unmöglich. Denn jeglicher Mann wer gut gehandelt ist gut, schlecht aber wenn schlecht. Was ist nun am Lesen das gute Handeln? und was macht einen Mann gut hierin? Offenbar die Erlernung davon. Und welches Guthandeln macht einen guten Arzt? Offenbar die Erlernung des Behandelns der Kranken. Schlecht aber wer schlecht. Wer kann denn ein schlechter Arzt werden? Offenbar der, von welchem zuerst gesagt werden kann, daß er ein Arzt ist, und dann daß er ein guter Arzt ist. Denn der kann auch ein schlechter werden. Wir aber, die der Arzeneikunst Unkundigen, wir können niemals durch schlecht handeln weder Ärzte werden, noch Zimmerleute, noch irgend etwas anderes, und wer kein Arzt werden kann indem er schlecht handelt, der auch offenbar kein schlechter. So kann auch der treffliche Mann wohl auch einmal schlecht werden, es geschehe aus Schuld der Zeit, aus Ermüdung oder durch Krankheit oder irgend einen andern Zufall; denn dies ist ja das einzige Schlechthandeln, der Erkenntnis beraubt sein: der schlechte Mann aber kann nie schlecht werden, denn er ist es immer, sondern wenn er schlecht werden soll, muß er erst gut geworden sein. Ein trefflicher Mann zu sein, es unausgesetzt immer zu bleiben, ist nicht möglich, trefflich aber werden kann einer und schlecht auch eben derselbe; am weitesten aber gedeihen und die Trefflichsten sind, welche die Götter lieben.

Protagoras, 344 c-345 c

Zu dieser Ausgabe

insel taschenbuch 2189: Platon für Gestreßte. Die ausgewählten Texte folgen der Ausgabe: Platon. Sämtliche Werke in zehn Bänden. Griechisch und deutsch. Nach der Übersetzung Friedrich Schleiermachers, ergänzt durch Übersetzungen von Franz Susemihl und anderen. Herausgegeben von Karlheinz Hülser. Insel Verlag Frankfurt am Main 1991.

Für das Vorwort wurde folgende Literatur verwendet: *Platon, Sämtliche Werke X*, Brief 7 (Epistolai Z'), 324a-352a. Insel Verlag Frankfurt am Main 1991. *L. Edelstein, Platon's Seventh Letter*. Philosophia Antiqua 14, 1966. *Athenaei Naucratitae Dipnosophistarum libri XV*, recensuit Georgius Kaibel, (3 Bde.), Liber XI. Leipzig, Teubner 1877-1890. *Platons Mythen*. Herausgegeben und kommentiert von Bernhard Kytzler. Insel Verlag Frankfurt am Main 1997, S. 209 ff. *Giorgos Seferis, Poesie*. Griechisch und Deutsch. Übertragung und Nachwort von Christian Enzensberger. Suhrkamp Verlag Frankfurt am Main 1987

Die Platon-Übersetzung von Friedrich Ernst Daniel Schleiermacher (1768-1834) läßt sich deutlich stärker als die anderen deutschen Übersetzungen vom griechischen Text führen und lehnt sich daran zuweilen sogar um den Preis sprachlicher Härten und entsprechend erschwerter Verständlichkeit an. Durch diese Nähe zum Originaltext hat sie die Platon-Forschung ursprünglich sehr gefördert und aus demselben Grund genießt sie in der Fachwelt auch heute noch die größte Anerkennung. Mit diesem leicht kritischen Zusatz ist dessen Übersetzung die am meisten anerkannte deutsche Platon-Übersetzung. Auf sie zurückzugreifen lag daher nahe. Für die Übersetzung wurde die Orthographie unter Wahrung des Lautstands behutsam modernen Gepflogenheiten angeglichen. Zitiert wird nach den jeweiligen Dialogen unter Angabe der Stephanuszählung. Umschlagfoto: Bavaria.